捕获起涨点

短线买入时机分析实战

庞　堃◎编著

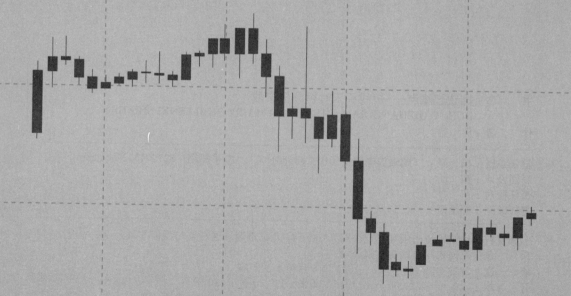

中国铁道出版社有限公司
CHINA RAILWAY PUBLISHING HOUSE CO., LTD.

图书在版编目（CIP）数据

捕获起涨点：短线买入时机分析实战 / 庞堃编著.—北京：中国
铁道出版社有限公司，2023.6
ISBN 978-7-113-29990-3

Ⅰ.①捕… Ⅱ.①庞… Ⅲ.①股票投资-基本知识 Ⅳ.①F830.91

中国国家版本馆CIP数据核字(2023)第030370号

书　　名：捕获起涨点——短线买入时机分析实战
　　　　　BUHUO QIZHANGDIAN: DUANXIAN MAIRU SHIJI FENXI SHIZHAN
作　　者：庞　堃

责任编辑：杨　旭　　　　编辑部电话：(010) 63583183　　　电子邮箱：823401342@qq.com
封面设计：宿　萌
责任校对：苗　丹
责任印制：赵星辰

出版发行：中国铁道出版社有限公司（100054，北京市西城区右安门西街 8 号）
印　　刷：三河市国英印务有限公司
版　　次：2023 年 6 月第 1 版　2023 年 6 月第 1 次印刷
开　　本：710 mm×1 000 mm 1/16　印张：13　字数：180 千
书　　号：ISBN 978-7-113-29990-3
定　　价：69.00 元

前言

如今股市投资已经成为资产增值的一种重要手段。股市虽然风云变幻，难以捉摸，但是其中也潜藏着众多的投资机会。

根据操盘时间的长短进行划分，可以将股市投资大致分为长线交易、中线交易和短线交易。其中，有很大一部分投资者更倾向于短线交易，因为短线交易操盘时间短，能够操作的机会更多，资金利用率也更高。

但是，短线操盘并不是一件易事。除了投资者自身需要具备一定的心理素质、投资经验外，短线操盘还要求投资者具备扎实的技术分析功底，能够综合运用多种技术分析方法，快速、精准、敏锐地发现市场中的投资机会，并及时、果断地入场，否则难以达到预期的投资效果。

为了帮助短线投资者快速、精准地抓住短线买入时机，作者编写了本书。本书从短线操盘的角度向投资者介绍许多实用性强的短线分析方法，这些分析方法可帮助投资者提高成功的概率。

全书共六章，可分为三部分：

◆ 第一部分为第 1 章，主要是对短线投资的基础知识进行介绍，包括短线炒股投资的含义、基本方法、适用对象及止盈方法等。设计本章的目的是让读者能够在阅读初期就对短线投资有一个基本的印象和大致的认识，同时也为后文的短线分析打下理论基础。

◆ 第二部分为第 2~3 章，主要是从短线的角度让读者了解如何利用分时图和 K 线图捕获起涨点。因为分时图和 K 线图是股市投资分析中比较基本的工具，也是实用性非常强的分析工具。

◆ 第三部分为第 4~6 章，是对重点技术指标的介绍，包括均线、成交量及其他技术指标。设计本部分有助于读者了解如何利用不同的技术指标抓住股价行情的起涨点。

本书以各种技术分析理论为基础，注重实战分析，突出实用技巧，力求提高投资者的市场判断能力和短线分析能力。为了便于读者理解理论知识，书中添加了大量的真实案例，可以让读者更为轻松地运用知识，进而提升自己的实战技能，从而提高实战获胜率。

最后，希望所有读者都能从本书中学到短线投资技术分析的相关知识，在股市中实现获利。但仍然要提醒大家：任何投资都存在风险，入市一定要谨慎。

编 者

2023 年 2 月

目录

第 2 章　借助分时图捕获短线买入时机

第4章　解读均线中的短线买入策略

第 5 章　透过成交量变化找买入点

第 6 章　利用技术指标分析及时入场

第1章

短线投资快速入门

▶ ▶ ▶

　　短线投资是一种快速买进又快速卖出的投资获利行为，这样的投资方式不仅可以使投资者的资金使用率得到充分的提高，还能使投资者捕捉到更多的市场机会，但是它的风险也比较大，需要投资者自身具备丰富的投资知识和实战经验。本章就来认识一下短线投资。

1.1　认识短线炒股投资

其实很多投资者对于短线投资没有一个明确的概念，因此对其投资比较随意，他们认为当有利可图时就长期持有，形势不尽如人意时就抛售持股。其实，短线投资的周期是从持股时间的角度来进行划分的，不同的持股时间对应的投资策略是不同的。

1.1.1　投资中的长线、中长线、短线和超短线

长短线投资是从持股时间长短的角度进行划分的，通常可以分为长线、中长线、短线和超短线。具体的持股时间没有严格的规定，一般来说，持股时间在 1 年以上的为长线投资；持股时间在 1 个月以上的为中长线投资；持股时间在 1 周左右的为短线投资；而超短线投资指投资者买入后 1~2 天就卖出，或者做 T，当天买进、当天卖出。

不同长度的持股时间决定了投资者的不同投资理念。长线投资讲究"逢低买进、逢高卖出"，它不需要投资者花费大量的时间来对市场中随时出现的波动变化进行分析，需要的只是投资者足够的耐心和信心。当市场人气惨淡、套牢者众多，大部分投资者都认为没有机会，纷纷离场时，此时却是长线投资者入场建仓的好机会。当股价上涨、股票人气高涨、成交量急剧放大时，则是长线投资者了结出局，赚取收益的好机会。

而短线投资则不同，短线投资更注重"顺势而为、逢高买进、逢更高卖出"。这类投资者没有时间，也没有耐心通过 1 年，甚至几年的时间来等待股价的上涨。他们一般会选择处于上升行情之中的股票，或者是底部信号明确，即将展开拉升行情的股票，快速买进，追涨杀跌，获取差价收益。所以这类投资者的投资时间短，可以操作的投资机会很多，但是这需要投资者对个股的波动变化有准确的把握，能精准地找到最佳的买进、卖出位置。

表 1-1 所示为长线、中长线、短线和超短线炒股策略的比较。

表 1-1　不同周期的炒股策略比较

项　　目	长　　线	中 长 线	短　　线	超 短 线
投资者类型	时间不充裕的投资者	时间不充裕的投资者	时间充裕的投资者	时间充裕的投资者
盯盘	不用实时盯盘	不用实时盯盘	需要随时盯盘	需要随时盯盘
投资技术	要求较低	要求较低	要求较高	要求较高
基本面	重点关心	重点关心	不太关心	不太关心
技术面	不关心	不关心	关心	关心
获利时间	慢	较慢	较快	快

根据表 1-1 的比较可以看到，不同持股周期的投资策略有不同的特点，并没有优劣之分，投资者应结合自身的投资风格和实际情况选择适合自己的投资周期。

1.1.2　短线投资的优劣势分析

众所周知，炒股是一项风险较大但收益可观的投资。不过虽然存在风险，但只要投资者掌握投资技能，运用好投资技巧，就有机会在风险丛生的股市中获得不错的投资回报。

短线投资是大部分投资者比较青睐的一种投资方式，具体的优势如下。

（1）收益高周期短

首先，短线投资快进快出，投资时间短，投资者通常根据当前的股价运行趋势顺势而为，及时买进，快速离场，获得收益回报，不必像长线投资一样需要经过长期的等待。

其次，当股市行情急转直下时，短线投资者可以快速离场，迅速脱身，不至于被深套。

（2）压力小操作更灵活

投资者在进行短线操作时，买进卖出的操作更为灵活和自由，可以轻松适应市场的波动变化，相应地投资者承受的心理压力也更小。这样一来，更容易获得投资的成功。

（3）资金周转率更高

短线投资操作灵活，快速参与投资也快速离场，避免资金闲置的同时，也为投资提供了更多的可能性，可以帮助投资者获取更多投资机会，资金周转率更高。

当然，短线投资也并非万能的，也存在一定的缺陷。短线投资需要投资者做频繁地买进卖出操作，这既要求投资者需要保持较高的市场敏锐度，也对投资者的资金体量有所要求。短线投资要求的资金体量相对较小，大体量资金常常难以实现灵活的买进卖出。

1.2　短线基本投资法

短线投资的操作时间短，这就要求投资者要具备更独到的眼光，能够精准地捕捉到市场中的投资机会，当然这需要一定的短线投资技法。这里介绍几种实用的短线投资常用方法，可以帮助投资者快速掌握短线操盘。

1.2.1　顺势而为买入

顺势而为从字面上理解就是要顺应当前的形势来操作，不要逆势而行。尤其对于短线投资者来说，逆势而为风险较大，得不偿失，很多时候都只会面临亏损这一个投资结果。比如多数投资者都渴望能在最低位置买进，在最高位置卖出，但是往往很多投资者以为的最低位置其实并不是理想的低位，结果可能会被套在半山腰。因此只有顺势而为，在确定股价运行的整体方向表现上涨的前提下，积极买进，短线做多，这样才能在低风险的条件下获得高收益回报。

实例分析

丰原药业（000153）顺势而为买进分析

图 1-1 所示为丰原药业 2021 年 2 月至 8 月的 K 线走势。

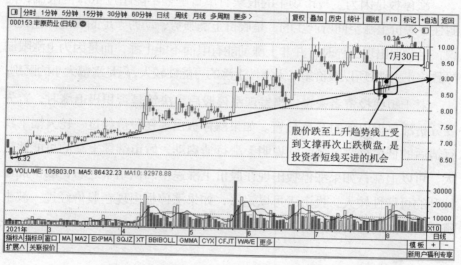

图 1-1　丰原药业 2021 年 2 月至 8 月的 K 线走势

从图 1-1 可以看到，丰原药业处于上升趋势之中，股价从 6.50 元价位线下方的低位处开始向上震荡攀升，重心不断上移。连接股价回调时形成的低点绘制一条上升趋势线，可以看到股价在上升趋势线的支撑下向上稳定攀升，当股价下跌至趋势线上时，获得支撑而止跌回升。

2021 年 7 月底，股价再次跌至上升趋势线附近止跌横盘，说明该上升趋势线仍然有效，后市该股继续表现上涨，投资者可以在 7 月 30 日的横盘位置短线买进持股待涨。

从图 1-1 可以看到，投资者买进后第二天便获得了涨幅回报，在连涨 3 个交易日后冲高回落，收出一根带长上影线的小阴线，此时投资者可以立即离场。短短几天，这一波投资便可获得近 15% 的涨幅收益。

从案例中可以看到，该投资者的这一波短线投资是在确认股价表现出上涨行情的前提下，利用上涨趋势线顺势而为。顺势而为投资风险相对较低，收益却不一定低，这是短线投资中比较常用的一种投资方法。

1.2.2　涨停板下谨慎跟入

涨停板是因为主板市场中的股票有单日涨幅不能超过 10% 的限制，而封住了股价上涨空间所产生的，是股价上涨强势、动力十足的表现。也就是说，当股票出现涨停时，并非上涨动能有限而不能上涨，而是因为上涨限制导致停止上涨，所以股价第二天惯性上涨的可能性较大，只是涨幅大小的区别。

对于短线投资者来说，当发现涨停股后，决策是否积极追涨时，首先要分析涨停板出现的 K 线位置。如果涨停板出现在股价经过一轮大幅下跌行情后的低位横盘区域，则说明上涨行情启动，后市继续上涨的可能性较大，可以追涨；如果涨停板出现在股价上涨途中回调结束之后，股价加速拉升的可能性较大，投资者可以追涨；如果涨停板出现在股价经过一波上涨行情后的高位横盘区域，后市极有可能是多头陷阱。

实例分析
国新健康（000503）短线追击涨停板

图 1-2 所示为国新健康 2021 年 5 月至 12 月的 K 线走势。

从图 1-2 可以看到，国新健康前期处于下跌趋势之中，股价经过一波下跌行情后运行至 7.00 元价位线下方的低位区域，创出 5.90 元的新低后止跌，开始小幅回升。2021 年 12 月 1 日，股价高开高走，K 线收出一根涨停大阳线，使得股价向上突破 8.00 元价位线，说明国新健康长期以来的弱势行情结束，即将迎来一波强势拉升行情，投资者可以积极追击该根涨停大阳线。

从国新健康股票的后市走势来看，投资者追击涨停大阳线买进后，股价继续表现上涨，快速上涨至 10.00 元价位线上方。在此期间 K 线收出两个涨停板，涨幅收益较大。

股价上涨至 10.00 元价位线附近后止涨横盘，此时为短线投资者的卖出机会。12 月 14 日，股价盘中急速拉升冲击涨停板，并封住涨停，K 线收出一根涨停大阳线，说明横盘整理行情结束，国新健康股票继续看涨，短线投资者可以再次积极追击这一涨停板。

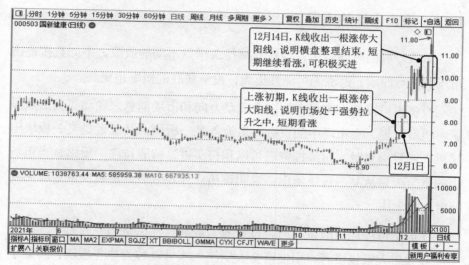

图 1-2　国新健康 2021 年 5 月至 12 月的 K 线走势

图 1-3 所示为国新健康 2021 年 11 月至 2022 年 1 月的 K 线走势。

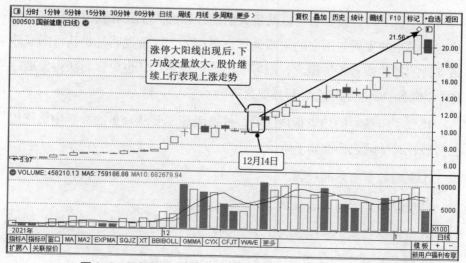

图 1-3　国新健康 2021 年 11 月至 2022 年 1 月的 K 线走势

从国新健康股票的后市走势来看，12 月 14 日 K 线收出一根涨停大阳线后，下方成交量放大，该股继续表现强势拉升的上涨行情，截至 2022 年 1 月最高上涨至 21.56 元，涨幅较大。

1.2.3　追击市场热点股票

短线炒股的时间较短，与其等待持久横盘不动的股票，不如直接追击市场的热点股票，追涨的可能性更大，投资获胜的概率也更高。

投资者可以根据市场中的资金流动方向和市场消息来轮动买卖热点股票。也就是说，当市场中的资金大量流入某一板块，又或者是某一板块出现重大利好消息时，短线投资者可以积极买进，持股待涨。反之，当市场中的资金大量从某一板块流出，说明该热点开始减退，短线投资者就需要及时离场卖出。

在追击市场热点股票之前，投资者需理解"什么是热点股票"。要知道能够吸引大量投资者，引发资金大量流入才可以称为热点板块，对处于热点板块中的个股才可以称为热点股票，这其中离不开"热"和"新颖"两大要素。

关于这一点，投资者可以从每天的财经新闻入手，寻找当前市场中的热点。股市的发展与国家的宏观调控息息相关，这就说明凡是获得国家政策支持的行业或者相关概念，很容易形成市场热点，也更容易获得发展。如 5G 概念、新能源概念、科技概念等。

找到了市场中的热点板块之后，投资者还需要从众多的股票中筛选出强势股，具体筛选标准如下所示。

①涨幅处于前列的股票。

②成交量处于前列的股票。

③近期单日换手率连续大于 3% 的股票。

④结合 K 线走势判断，选择趋势形态良好的股票。

⑤如果盘中热点转换频率过快，说明热点持续性不强，在没有出现有号召力的板块时，千万不能追涨。

1.3　不是所有人都适合短线

短线投资时间短，可以捕捉市场中更多的投资机会，但并不是所有投资者都适合做短线投资，因为每种投资方式都有适合的投资风格。所以，短线投资方法虽然很好，但却并不适合所有的投资者。

1.3.1　性格优柔寡断不适合

短线投资要求投资者具备快进、快出的果断决策能力，这样才能在瞬息万变的股市中快速捕捉到获利机会，赚取投资收益。但是，性格优柔寡断的人则不同，他们往往具有以下性格特点。

①害怕出错，担心犯错，所以害怕做出决定，在决断上通常需要花费大量的时间，总是期望别人帮忙替代决定。短线投资最忌讳这一点，如果投资者犹豫不决难以决定，极有可能错失最佳的买进机会和卖出机会。

②容易陷入焦虑之中，对还未出现的情况过早预设然后焦虑担忧，设想最坏结果，并过度放大，如此反复，陷入不断的恶性循环之中。股市投资本身就是一项风险投资活动，投资者能够做的就是在合理的、能够承受的风险范围内做好科学的、适合的投资，焦虑不仅不会给投资带来任何好处，还会直接影响投资决策，影响投资结果。

③容易被自己过去做出的判断或经历的错误而束缚，以至于在后面的决策中常常会带入之前的错误结果。要知道股市投资风云变幻，即便是经验丰富的投资者也不敢保证每次投资都能百分之百成功，所有的投资经验都是在不断的投资实战中累积起来的，包括失败的经验也是。如果投资者

不能从失败中获得经验，只能被失败的经历束缚，则说明不适合这样的投资活动。

总的来说，性格优柔寡断的人容易对自己的投资决策不自信，难以快速做出决断，常常在反复犹豫之间错失了最佳的投资机会，所以并不适合做短线投资。

1.3.2　不能严格遵守投资纪律

很多投资者在股市投资中失败，都认为是投资经验有限，投资技能较低导致，其实不全是。很多时候投资者真正失败的原因在于不能严格遵守投资纪律，尤其是短线投资。在该买的时候犹豫不决，错失了最佳买进时机，在该卖的时候又想要赚取更多，结果错失最佳卖出时机，不仅没有获得收益，还给自己造成了损失。

因此，股市投资尤其是短线投资，投资者需要严格遵守如下投资纪律：

①做趋势投资，不能逆势而为。要在个股整体走势良好的前提下展开自己的投资计划。

②不要一味追求完美的交易。即不要过分追求买在最低点、卖在最高点，期望在每一波行情中获得最大的涨幅收益。对于短线投资来说，只要能够在操作中获得投资收益，就是一次成功的交易。

③坚持止损。不管是重大的利好消息出现，还是专家分析推荐，一旦个股下跌达到止损位，就必须立即止损，无条件全部抛售。

④坚持止盈。除了需要做好止损之外，止盈也必不可少，有时候过高的期望和过于乐观的心态，不仅会让投资者失去既得收益，还会遭受更大的经济损失。

⑤做好仓位控制。短线炒股的资金体量不应过重，需要做好仓位控制，轻体量更容易快进快出，做好短线操盘。

⑥不要担心错失投资机会。投资的关键在于善于等待，尤其是短线投资，市场瞬息万变，随时都有可能出现新的投资机会，只要投资者善于等待和发现总会找到。

1.3.3　反应不敏锐的投资者

短线投资对投资者的要求很高，不仅要求投资者具备丰富的股市投资知识，还要具备一定的投资技巧，以及了解主力的一些常见操盘手法，这样才能冷静、理智、沉着地应对市场中可能出现的一些风云变幻。

除此之外，短线投资者还必须具备敏锐的洞察力，能够眼明手快地找到市场中的热点板块，以及快速上涨的"龙头"个股。通常这些个股上涨的速度较快，持续的时间却较短，如果投资者后知后觉买进，则极有可能高位被套。

敏锐的投资者通常应具备以下一些特质。

①清晰的思维，敏锐的视角，可以早于别人发现投资机会。

②具有从头再来的能力和勇气，不会轻易向失败低头。

③无论结果是好是坏，都应为自己的行为负责。

④能够对市场保持高度警觉。

⑤对成功有强烈的追求。

⑥不依靠运气，应用一以贯之的策略。

⑦积极乐观的态度，会理智、客观地应对市场中的变化。

⑧坚信自己的决策，不轻易动摇。

⑨良好的自我控制能力和管理能力。

⑩对信息及金融相联系的数字要非常敏感。

当然，这些特质不是人天生所具备的，只要投资者注意培养和坚持，会有所成长与改善。

1.4 短线止盈止损法

在前面的内容中提到过，短线投资离不开止盈止损。这是因为止盈止损在投资中非常重要，可以将其视为一种投资者自我保护的措施，让投资者在亏损时及时斩仓，避免产生更大亏损，也让投资者在盈利时保持清醒的头脑，不被当前的获利所蒙蔽。

1.4.1 短线止损的法则

对于止损，专业的投资者常用鳄鱼法则来进行说明。假如一只鳄鱼咬住了你的脚，此时如果你试图用手去掰你的脚，那么鳄鱼便会同时咬住你的手和脚，你挣扎得越厉害，就会被咬得越深。所以，当鳄鱼咬住你的脚时，最好牺牲那只脚来保全生命，这也是俗话常说的"留得青山在，不怕没柴烧"。当投资者发现自己的交易背离了市场方向，最好的策略就是及时止损，不要背离市场，不要怀有侥幸。

虽然止损看起来比较简单，容易操作，但是在实际投资实战中却很少有投资者能真正做到及时止损。止损难以真正执行的原因主要包括以下几个方面。

①难以接受失败。当市场运行方向与自己的预设出现背离时，很多投资者第一时间总是难以接受，然后否认现实，认为现在的下跌只是上涨前的调整，调整结束必然会上涨。殊不知，在这样无谓的坚持后，并没有迎来行情的转变，反而使自己越陷越深，最终难以自拔。

②投资者的过于自信。有的投资者对于自己的决策过于自信，即便市场出现与自己预期不同的背离走势，也不会改变自己的决定，始终坚信自己的决策是正确的。

③无用的坚持。有的投资者在刚刚出现亏损时并不在意，到后面亏损得越来越多时，想要平仓又舍不得，所以便开始了无用的坚持，他们想等

待股价回升，迎来新一波上涨解套。但是，这样的等待也使得投资者为此放弃了市场中更多的机会。

因此，炒股投资止损是必要且重要的，关键在于投资者一旦发现判断错误，就要及时斩仓离场，接受自己的失败才可能保留实力，参与下一次投资，反败为胜。

1.4.2　跌幅止损法

跌幅止损法指的是投资者买进股票后，以买入成本价为基准设置止损点，当股价下行跌至成本价位线以下 3% 或 5% 时，立即止损。这说明投资者对股价的短期运行趋势判断错误，需立即离场，重新判明趋势后再入场。

这里的 3% 或 5% 不是固定不变的，而是根据投资者的风险承受能力自由调整的，但是最大限度不应该超过 10%，如果投资者设置跌幅过大则止损的作用较小。

实例分析
大悦城（000031）达到目标跌幅卖出

图 1-4 所示为大悦城 2021 年 11 月至 2022 年 2 月的 K 线走势。

从图 1-4 可以看到，大悦城股票处于上升趋势之中，股价从 3.29 元的低位处开始向上缓慢攀升。当股价上涨至 4.00 元价位线上方后止涨回落，随后在 3.60 元到 4.00 元进行横盘窄幅波动。

2022 年 2 月 21 日，股价高开后盘中大幅向上拉升，K 线收出一根放量大阳线向上突破 4.00 元价位线横盘平台，将股价拉升至 4.20 元上方。某投资者认为，此时为短线买进的大好时机，股价向上突破整理平台，成交量放大，说明整理结束，前期涨势继续，于是在 4.20 元价位线位置追涨买进。

但是买进后第二天股价低开低走，一改前一日上涨的强势特征，K 线收出一根小阴线。为了避免判断失误，遭受重大经济损失，该投资者决定如果股价继续下行跌破买入价 5% 时立即抛售持股。

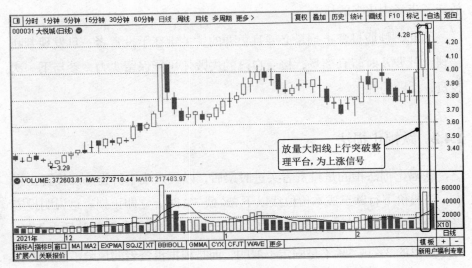

图1-4 大悦城 2021 年 11 月至 2022 年 2 月的 K 线走势

图 1-5 所示为大悦城 2021 年 12 月至 2022 年 3 月的 K 线走势。

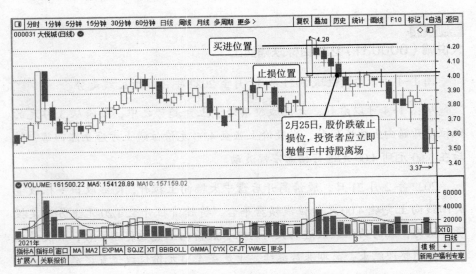

图1-5 大悦城 2021 年 12 月至 2022 年 3 月的 K 线走势

从图 1-5 可以看到，投资者买进后，股价止涨回落，K 线连续收出多根下跌阴线，2022 年 2 月 25 日 K 线下行跌破 4.00 元时，该投资者抛售持股果断离场。从后市股价走向可以看到，投资者离场后股价继续下行，截至 2022 年 3 月最低跌至 3.37 元，如果投资者继续坚持，将面临更大的经济损失。

1.4.3　趋势线止损法

所谓趋势线就是根据股价波动变化的低点或高点绘制而成的一条趋势线，根据股价运行方向的不同，趋势线分为上升趋势线、下降趋势线和水平趋势线。

在前面短线买入方法中提到了顺应趋势，利用趋势线及时买进，这里将重点介绍利用趋势线止损法。

趋势线的止损策略通常体现在上升趋势线上，股价在上升趋势线的支撑作用下向上稳定攀升，当股价自上而下有效跌破上升趋势线时，说明个股的上升趋势发生转变，后市极有可能转入下跌之中，投资者应立即止损离场。

实例分析
中牧股份（600195）跌破上升趋势线转势卖出

图 1-6 所示为中牧股份 2021 年 8 月至 2022 年 3 月的 K 线走势。

从图 1-6 可以看到，中牧股份处于上升行情之中，连接股价回调形成的低点绘制一条上升趋势线，发现股价在上升趋势线的支撑作用下震荡上行，当股价回调至上升趋势线附近时获得支撑止跌回升，所以股价在趋势线上止跌整理时，为投资者的买进机会。

2022 年 3 月上旬，股价上涨至 14.00 元价位线附近创下 14.02 元的新高后再次止涨回落，小幅跌破上升趋势线后止跌横盘，此时短线投资者本可在横盘位置积极买进，等待下一波回升。

但股价在上升趋势线下方横盘整理几个交易日后再次向下，继续下行有效跌破上升趋势线，说明中牧股份的上升行情发生转变，后市极有可能转入下跌趋势之中，此时投资者应立即离场。

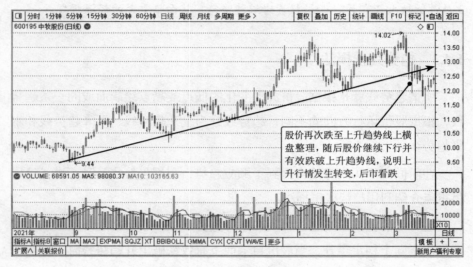

图1-6　中牧股份2021年8月至2022年3月的K线走势

图1-7所示为中牧股份2021年8月至2022年4月的K线走势。

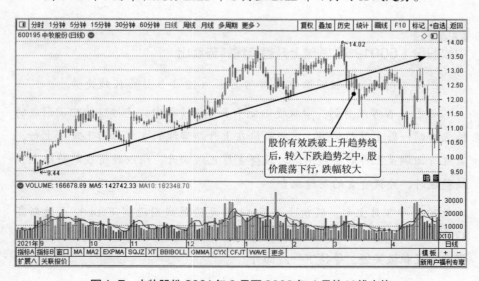

图1-7　中牧股份2021年8月至2022年4月的K线走势

从图 1-7 可以看到，中牧股份的股价下行跌破上升趋势线后，转入下跌趋势之中，股价震荡下行，跌至 10.50 元价位线附近。如果投资者在股价跌破上升趋势线时没有看清行情变化及时离场，将遭受重大经济损失。

1.4.4　支撑位止损法

支撑位指的是股价横盘整理时所产生的一段成交密集区，如果投资者在支撑位上方买进个股股票，那么该支撑位则为投资者的止损位。如果股价有效跌破支撑位，则说明该支撑位的支撑力度不强，一旦股价有效跌破则容易引发较强抛压，市场风险较大。

实例分析

盛屯矿业（600711）股价跌破支撑位

图 1-8 所示为盛屯矿业 2021 年 8 月至 9 月的 K 线走势。

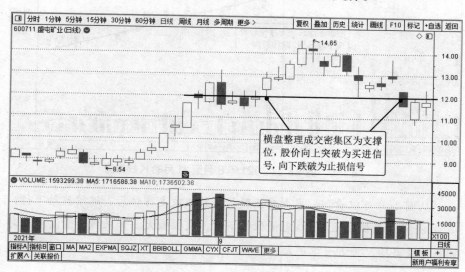

图 1-8　盛屯矿业 2021 年 8 月至 9 月的 K 线走势

从图 1-8 可以看到，盛屯矿业处于上升趋势之中，股价波动上行，不断向上抬升。2021 年 8 月底，股价上行至 12.00 元价位线上后滞涨，并在该价位线上横盘整理。9 月上旬，股价向上收出连续阳线突破整理平台，将股价拉升至 13.00 元价位线上方，某投资者此时追涨买进。

投资者买进后两个交易日，股价出现止涨且开始小幅回落。此时投资者可以将买进时的横盘成交密集区 12.00 元价位线作为支撑位，只要股价不跌破 12.00 元价位线，则说明股价上涨行情并未发生改变，可以继续持有。

9 月下旬，股价在继续下行的过程中有效跌破 12.00 元支撑位，说明盛屯矿业的这一波上涨结束，短期将迎来一段下跌趋势，投资者应立即抛售手中持股。

图 1-9 所示为盛屯矿业 2021 年 8 月至 11 月的 K 线走势。

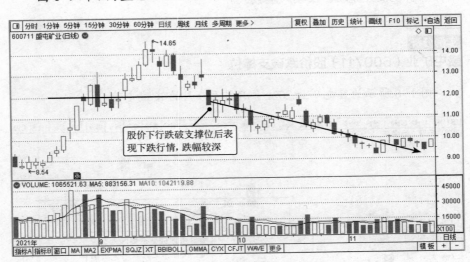

图 1-9　盛屯矿业 2021 年 8 月至 11 月的 K 线走势

从图 1-9 可以看到，盛屯矿业股价有效跌破支撑位后，继续波动下行，截至 11 月，最低跌至 10.00 元价位线下方，跌幅较大。如果投资者没有及时抛售持股离场，将进一步扩大损失。

1.4.5　涨幅止盈法

涨幅止盈法与跌幅止损法异曲同工，都是一种静态策略，投资者在投资之初设定一个止盈涨幅目标，一旦股价上涨达到该目标时就要坚决止盈，赚取已产生的利润，获得稳定的回报收益，不要再贪图后面可能继续上涨的行情。

对于止盈的目标涨幅，投资者可以根据自己的实际情况及股价的实际走势来具体设定，没有统一的标准。但是，短线炒股需要注意，因为持股的时间比较短，收益往往是通过积少成多的方式聚集起来的，不可能像中长期炒股一样，一次投资就获得 50% 或 80% 甚至以上的收益，所以投资者在设置时，将目标涨幅设置在 15% 左右是比较合理的。

实例分析
国网信通（600131）目标涨幅止盈分析

图 1-10 所示为国网信通 2021 年 7 月至 12 月的 K 线走势。

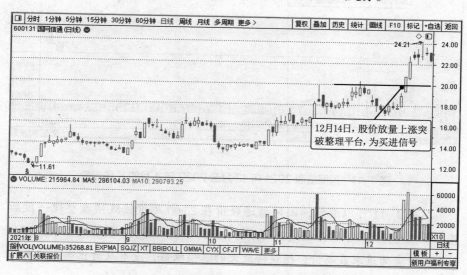

图 1-10 国网信通 2021 年 7 月至 12 月的 K 线走势

从图 1-10 可以看到，国网信通处于波动上行的上涨行情之中，重心不断向上抬升。2021 年 11 月，股价上行至 18.00 元价位线上方后止涨，随后在 18.00 元到 20.00 元进行横盘波动运行。

12月中上旬，下方成交量突然放大，带动股价向上拉升。12月14日，股票高开后快速向上拉升并突破20.00元价位线。此时某投资者在20.00元位置积极追涨买进，该投资者做短线投资，设定的涨幅目标为15%，即23.00元。

两个交易日后股价上涨至23.00元价位线附近，该投资者迅速抛售持股。查看国网信通股票发现，股价上涨至23.00元价位线附近后滞涨，并在该价位线上横盘整理运行。

图1-11所示为国网信通2021年12月至2022年4月的K线走势。

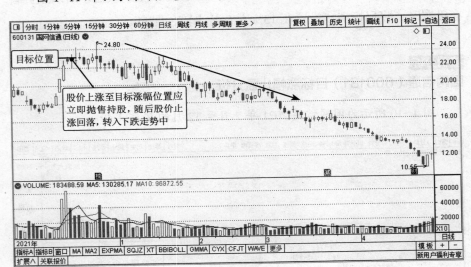

图1-11 国网信通2021年12月至2022年4月的K线走势

从图1-11可以看到，国网信通股价在23.00元价位线横盘整理一段后转入下跌走势之中，股价快速波动下行，截至2022年4月，最低跌至10.55元。如果投资者为追求最高价，想获得最大的涨幅收益，没有及时止盈则极有可能被套入场中，遭受严重的经济损失。

所以，投资最好不要以最高价为目标，这样极容易陷入投资误区之中。对于短线投资者来说，每次交易都能获利，达到投资目标就是最好的投资结果。

1.4.6　通道线止盈法

前面的内容介绍了股价趋势线，实际上通道线就是在趋势线的基础上演变而来的，它同样根据股价波动方向的不同分为上升通道线、下降通道线和水平通道线。

通道线是对股价波动走势的形象化描述，由两条平行线组合而成，股价则在两条平行线内波动运行，波动幅度在平行线形成的通道内，图 1-12 所示为上升通道和下降通道示意图。

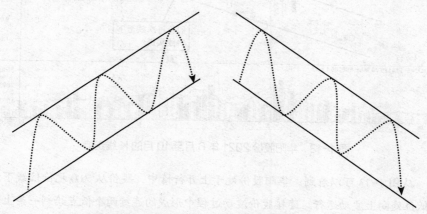

图 1-12　上升通道（左）和下降通道（右）示意图

投资者可以利用上升通道和下降通道来做短线止盈操作。从图 1-12 可以看到，在上升通道中，下轨线为上升趋势线，对股价上涨起到支撑作用，股价下行至下轨线附近时获得支撑止跌回升；上轨线则属于压力线，对股价的上涨起到压制作用，当股价上涨至上轨线附近时止涨回落。因此，在上升趋势的短线投资中，当股价回升至上轨线附近时，就是投资者的止盈卖出位置。

而在下降通道中，下轨线为股价波动的支撑线，当股价下行至下轨线附近时获得支撑止跌反弹；上轨线为下降趋势线，对股价的反弹起到压制作用，当股价上涨至上轨线附近时止涨回落。因此，在下降趋势中抢反弹的短线投资，在股价反弹回升至上轨线附近时，为投资者的止盈位置。

实例分析

华阳股份（600348）上升通道中上涨至上轨线附近止盈

图 1-13 所示为华阳股份 2021 年 6 月至 10 月的 K 线走势。

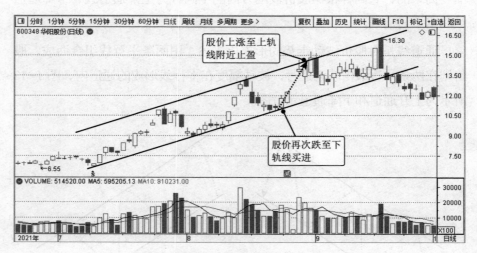

图 1-13　华阳股份 2021 年 6 月至 10 月的 K 线走势

从图 1-13 可以看到，华阳股份处于上升行情中，股价从 7.00 元价位线下方的低位处向上波动运行。连接股价波动过程中形成的连续两个低点绘制一条上升趋势线和对应的平行线，形成上升通道线，可看到股价在上升通道内波动运行。

2021 年 8 月下旬，股价再次跌至下轨线附近止跌横盘，某投资者在11.00 元价位线附近买进，随后 K 线连续收阳向上拉升股价，几个交易日的时间便将股价拉升至 15.00 元价位线附近，涨幅超 36%。同时股价也运行至上轨线附近止涨，说明股价极有可能回落。转入通道内波动运行，为止盈卖出信号。

1.4.7　压力位止盈法

压力位指的是在上涨途中，空方力量逐步增大，直到与多方力量达到平衡，股价不能继续上涨而形成的压力区域，对股价的上涨起到阻碍、压制作用。

通常股价运行的前期高点附近、前期跳空缺口及前期成交密集区域等，这些关键区域都可能存在大量的套牢盘，如果股价不能一次性突破，则极有可能止涨回落转入快速下跌的趋势之中。所以，对于短线投资者来说，压力位是一个重要止盈位，当股价运行至压力位附近时，投资者要立即警戒，及时止盈。

实例分析

启明信息（002232）上行至压力位止盈分析

图 1-14 所示为启明信息 2021 年 7 月至 12 月的 K 线走势。

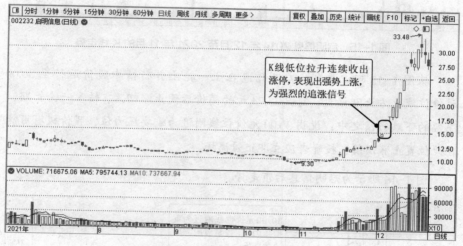

图 1-14　启明信息 2021 年 7 月至 12 月的 K 线走势

从图 1-14 可以看到，启明信息前期经过一轮下跌走势后运行至低位区域，进入 7 月后在 12.50 元价位线下方缓慢下跌，成交量表现缩量。11 月中下旬，下方成交量开始放大，股价小幅向上拉升。到了 12 月的 2 日和 3 日，K 线收出连续涨停，将股价拉升至 15.00 元价位线上方，说明市场表现为强势拉升，某投资者积极追涨买进。

随后股价继续向上快速飙升，K 线呈斜线拉升，斜率较大。几个交易日的时间就将股价拉升至 30.00 元价位线附近，相较于涨停开始的位置，涨幅超 100%。此时，查看启明信息的前期 K 线走势，如图 1-15 所示。

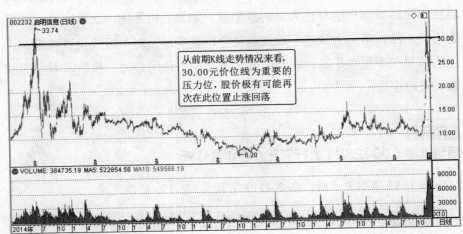

图 1-15　启明信息 2014 年 12 月至 2021 年 11 月的 K 线走势

从图 1-15 可以看到，启明信息在上一轮上升行情中股价运行至 30.00 元价位线上方止涨横盘，创出 33.74 元的高价后便止涨回落，转入一轮长期、深幅的下跌行情之中，说明 30.00 元价位线附近为重要压力位，股价极有可能在此位置止涨回落，投资者应立即止盈离场。

图 1-16 所示为启明信息后市走势。

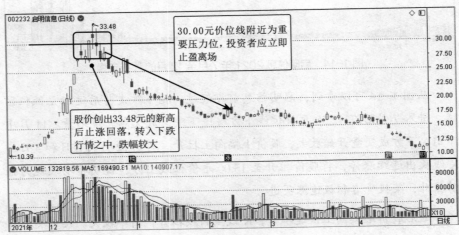

图 1-16　启明信息 2021 年 11 月至 2022 年 4 月的 K 线走势

第2章

借助分时图捕获短线买入时机

▶ ▶ ▶

分时图是对个股当日实时动态走势的描述，透过它可以清晰、直观地看到市场中多空力量的转化情况，在投资实战分析中占有重要地位，透过分时图，投资者可以更轻松地捕获短线买入时机。

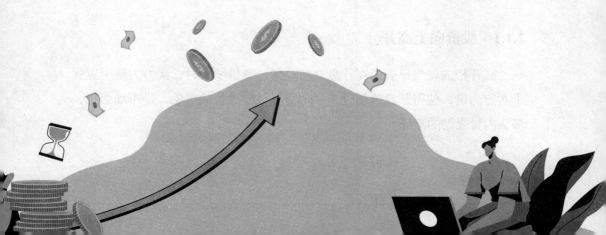

2.1 分时线走势变化找买点

个股分时图是反映个股当天实时价格的走势图，由股价线、均价线和成交量柱线组成，如图 2-1 所示。

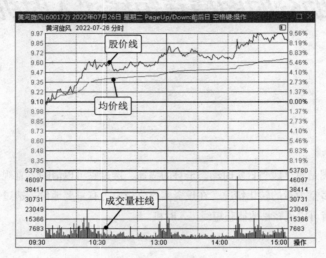

图 2-1　分时走势图

实时股价线表示股票每分钟成交的实时价格；分时均价线指股票每分钟的平均价格；成交量柱线表现每分钟的实时成交量。

分时图中的实时股价线在波动变化的过程中可能形成一些具有特殊指示意义的走势，投资者要懂得抓住这些变化，对当前的行情做出准确的判断，才能找到适合的买点。

2.1.1 股价向上高开

高开指的是当日股票在开盘之前，集合竞价阶段时，买方力量明显强于卖方力量，使得开盘价超过上一个交易日收盘价的现象，是市场强势，多头力量强劲的象征。

根据股票高开的涨幅情况，可以将高开分为以下三种：

（1）普通高开

普通高开指的是股价高开涨幅在 1% ～ 2%，高开后股价回调不破前一日的收盘价，或者轻微击穿前一日收盘价后快速回到均价线上方，并在均价上方继续上行。说明多头处于优势之中，投资者可以结合 K 线的实际位置具体分析，然后及时买进。

（2）强势高开

强势高开指的是股价高开涨幅在 3% ～ 7%，股价高开后一路向上飙升，回调不破前一日的收盘价，不破均价线，甚至不破当天的开盘价，表现出绝对优势，投资者同样可以结合 K 线位置具体分析买入时机。

（3）巨幅高开

巨幅高开指的是股价高开涨幅在 8% 以上，股价高开后向上拉升，回调不破均价线或不破当日开盘价，盘中直接拉升至涨停。说明市场处于强势拉升的上涨行情中，投资者应结合 K 线位置来判断是否买进。

实例分析
陕西建工（600248）股价高开短线买进分析

图 2-2 所示为陕西建工 2022 年 2 月 7 日的分时走势。

从图 2-2 可以看到，陕西建工在 2022 年 2 月 7 日股价以 5.18 元的价格向上高开后，小幅回落轻微触及均价线后止跌，快速回升至均价线上方，随后继续向上波动运行。

10:00 之后，下方成交量放量，推动股价向上急速拉升，直冲涨停板并封住涨停板。虽然盘中涨停板被打开，但很快又被封住，直至收盘。可见市场中的多头力量较强，向上拉升的意愿强烈，短期内股价继续上行的可能性较大。

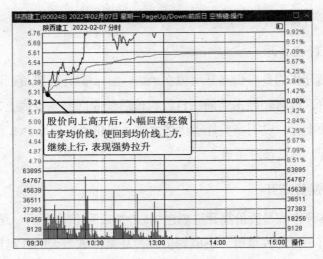

图 2-2　陕西建工 2022 年 2 月 7 日的分时走势

此时查看 K 线走势做进一步分析。

图 2-3 所示为陕西建工 2021 年 11 月至 2022 年 2 月的 K 线走势。

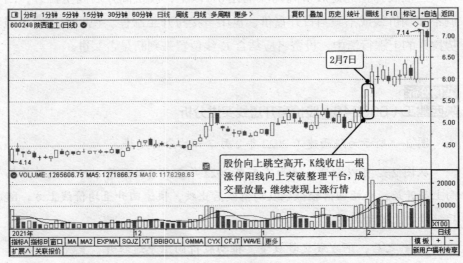

图 2-3　陕西建工 2021 年 11 月至 2022 年 2 月的 K 线走势

从图 2-3 可以看到，陕西建工处于波动上行的上升行情之中，2021 年
12 月股价上涨至 5.25 元价位线附近后止涨，随后在 4.75 元到 5.50 元进行横
盘窄幅波动。

2022 年 2 月 7 日股价向上高开，K 线收出涨停向上突破整理平台，成交量放量，说明股价上涨途中的整理结束，后市将继续之前的拉升行情，所以投资者可以在此位置积极追涨买进。

2.1.2 盘中快速向上抬升

盘中指的是除去开盘后半个小时和尾盘的时间段，这一交易阶段一直都是多空力量较量的主战场，也是较量最为激烈的时段。

如果股价在盘中快速向上抬升，则说明多头力量明显强于空头，占据优势；如果直至收盘多头仍然保持优势，则说明多头占据市场的主导地位，股价近期看涨，投资者可以结合 K 线位置具体分析，及时跟进。

实例分析

冠农股份（600251）股价盘中快速向上抬升买进分析

图 2-4 所示为冠农股份 2021 年 7 月 8 日的分时走势。

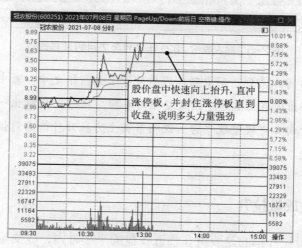

图2-4 冠农股份 2021 年 7 月 8 日的分时走势

从图 2-4 可以看到，2021 年 7 月 8 日股价低开之后，围绕均价线横向上下波动运行。10:22，下方成交量明显放大，带动股价向上快速抬升，股价运行至 9.50 元上方后止涨回落。当股价下行至 9.25 元附近后止跌横盘整理，随后下方成交量再次放出巨量，带动股价再次向上快速抬升，冲击涨停板，并封住涨停板直至收盘。说明市场中有大量资金涌入拉升股价，做多意图强烈，该股近期表现上涨行情的可能性较大。

图 2-5 所示为冠农股份 2021 年 2 月至 7 月的 K 线走势。

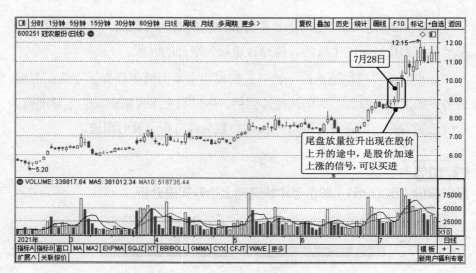

图 2-5　冠农股份 2021 年 2 月至 7 月的 K 线走势

从图 2-5 可以看到，冠农股份股票处于上升行情之中，盘中快速向上抬升的分时走势出现在上涨途中横盘整理的末期，此时 K 线收出一根涨停大阳线，使得股价向上突破整理平台。说明多头主力拉升股价意愿强烈，投资者可以果断跟进。

2.1.3　尾盘放量拉升

尾盘放量拉升指的是股价在临近收盘的半小时内，成交量突然放量，使得股价向上急速拉升，当日 K 线图中出现一根放量上涨的大阳线。

尾盘放量拉升释放的信号需要结合 K 线的位置来具体分析。如果股价处于缓慢的上升通道中，此时的尾盘放量急速拉升是股价加速上涨的信号，投资者可以积极买入跟进。

　　但是，如果股价处于经过一波上涨后的高位区域，该形态则极有可能是主力吸引散户入场的手段。即便日后股价真的可以再创新高，也属于强弩之末，发出的是见顶信号，场内的投资者应尽快抛售手中持股离场。

实例分析
南化股份（600301）尾盘放量拉升买进分析

　　图 2-6 所示为南化股份 2022 年 3 月 18 日的分时走势。

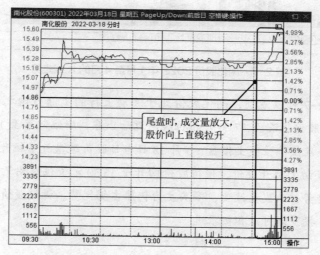

图 2-6　南化股份 2022 年 3 月 18 日的分时走势

　　从图 2-6 可以看到，2022 年 3 月 18 日南化股份开盘后，股价快速向上拉升，上涨至 15.49 元价位线附近后止涨回落，跌至 15.28 元价位线附近后止跌，随后大部分时间在 15.28 元价位线上下横盘波动运行。临近收盘时，下方成交量突然放大，带动股价向上直线拉升，上涨至 15.60 元价位线附近，涨幅达到 4.98%。

　　此时查看 K 线走势图。

　　图 2-7 所示为南化股份 2022 年 1 月至 4 月的 K 线走势。

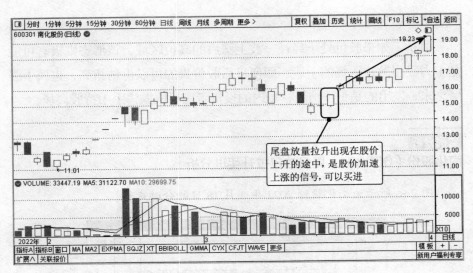

图 2-7　南化股份 2022 年 1 月至 4 月的 K 线走势

从图 2-7 可以看到，南化股份处于波动上行的上涨行情之中，2022 年 3 月上旬当股价上涨至 17.00 元价位线附近后止涨，小幅回落至 15.00 元价位线后止跌并在该价位线上横盘。3 月 18 日当日股价尾盘放量拉升，K 线收出一根大阳线向上拉升股价，使得股价回升至 15.50 元价位线附近。这说明股价上涨的趋势并未发生改变，多头主力仍然占据优势，近期股价将转入加速拉升行情，投资者可以积极跟进。

2.1.4　股价线向上突破前期高点

股价线向上突破前期高点指的是在当天个股开盘后，股价线在上升途中向上超越前期高点的走势，包括突破本波行情中的高点和突破前期行情中的高点。

结合 K 线走势进行综合分析，如果 K 线处于上升趋势之中，且价位不高，股价线向上突破前期高点后投资者可以放心做多。但是如果股价处于盘整和下跌趋势中的高位，则应警惕多头陷阱，并看空后市。

实例分析

北方稀土（600111）股价向上突破前期高点买进分析

图 2-8 所示为北方稀土 2021 年 7 月 7 日的分时走势。

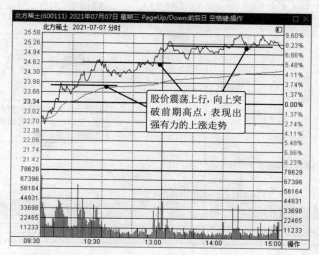

图 2-8 北方稀土 2021 年 7 月 7 日的分时走势

从图 2-8 可以看到，北方稀土的股价在 2021 年 7 月 7 日低开后震荡上行，表现上涨行情，期间股价不断向上突破前期高点并创出新高。当股价两次突破前期高点，涨幅超 5% 时，就可以判断出当前股价处于强势拉升的走势中，多头占据绝对优势，上涨动力较足。

此时查看该股的 K 线走势。

图 2-9 所示为北方稀土 2020 年 11 月至 2021 年 7 月的 K 线走势。

从图 2-9 可以看到，北方稀土股票处于上升行情之中，股价从 10.00 元价位线附近的低位处开始向上拉升。当股价上涨至 24.00 元价位线附近时止涨，小幅回落至 18.00 元价位线上止跌，随后在 18.00 元到 22.00 元进行横盘窄幅波动，说明 24.00 元价位线是一个重要的阻力位，上方压力较重。

2021 年 7 月 7 日，股价低开高走，不仅在当天的走势中表现强势，突破当天走势中的前期高点，也向上突破了股价前期运行的 24.00 元阻力位。结合当前股价所处的位置可以判断，北方稀土的这一波上升行情并未结束，股价向上突破 24.00 元阻力位后，近期将迎来一波快速向上的拉升行情，投资者可以积极买入跟进。

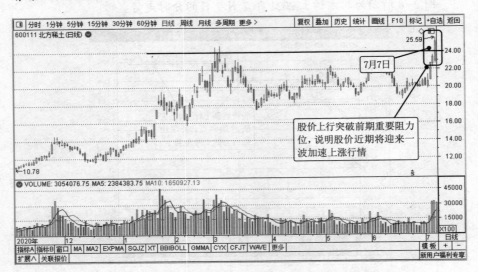

图 2-9　北方稀土 2020 年 11 月至 2021 年 7 月的 K 线走势

图 2-10 所示为北方稀土 2020 年 12 月至 2021 年 8 月的 K 线走势。

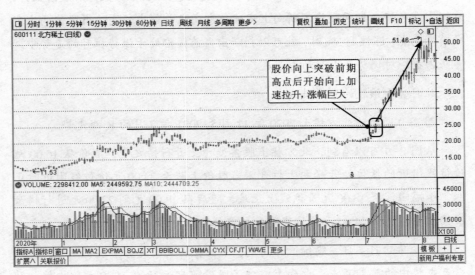

图 2-10　北方稀土 2020 年 12 月至 2021 年 8 月的 K 线走势

从图 2-10 可以看到，股价向上突破前期高点之后，北方稀土开启了一波大幅向上加速拉升的行情，截至 2021 年 8 月，股价最高上涨至 51.46 元，涨幅巨大。如果投资者能够利用分时图向上突破前期高点，以及 K 线向上突破重要阻力位发出的信号及时跟进，即可收获这一波上涨行情。

2.1.5　股价急速勾头向上

股价急速勾头向上指的是当日股票开盘后，股价便向下急速下滑，跌势迅猛，当股价下跌至某一位置后止跌立即回升，拐头向上表现出向上拉升的上涨行情。这一波急跌急涨在分时图中形成了勾头走势，股价止跌回升形成勾头时为投资者的买入机会，谨慎的投资者可以在股价上行突破均价线，确认股价的上涨之后买进。

股价急速勾头通常出现在股价下行的弱势行情内，盘中做空力度较大，股价线下跌速度较快，但在下跌过程中空头动能减弱，多方便趁机发起反攻，走出快速反弹的上升走势，这就是短线投资者的机会。

实例分析

太原重工（600169）股价急速勾头向上买进分析

图 2-11 所示为太原重工 2022 年 1 月 28 日的分时走势。

从图 2-11 可以看到，太原重工在 2022 年 1 月 28 日开盘后，股价快速向下滑落，跌速较急，跌幅较深。当股价下跌至 2.45 元价位线附近时止跌，拐头向上快速拉升，下方成交量放大，分时图中形成了一个尖尖的勾头走势，说明空头力度减弱，多头占据优势，表现出强势拉升，后市极有可能迎来一波上涨行情。

此时，投资者还需要配合股价 K 线走势，根据股价运行位置来做进一步分析判断。

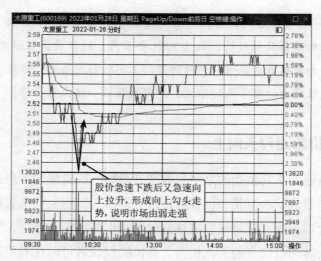

图 2-11　太原重工 2022 年 1 月 28 日的分时走势

图 2-12 所示为太原重工 2021 年 9 月至 2022 年 2 月的 K 线走势。

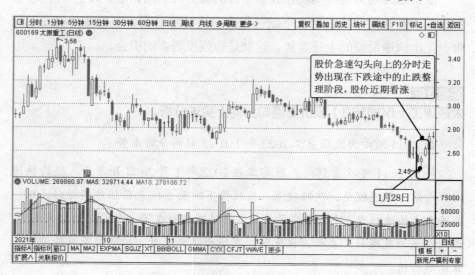

图 2-12　太原重工 2021 年 9 月至 2022 年 2 月的 K 线走势

　　从图 2-12 可以看到，太原重工经过一轮上涨行情后，股价在 3.56 元位置见顶回落，转入下跌的弱势行情之中，股价震荡下行，跌势沉重。2022 年 1 月底，当股价跌至 2.60 元价位线附近时止跌，1 月 28 日，分时图走出勾头向上的拉升走势，说明场内的空头力度减弱，多头力量开始聚集趁机拉升股价，太原重工近期极有可能迎来一波上涨行情，所以短线投资者可以买入跟进。

在确认了 K 线位置后，投资者可以在分时图中勾头走势形成后及时买进，也可以在股价向上突破均价线，确认上涨行情之后买进。

图 2-13 所示为太原重工 2021 年 9 月至 2022 年 4 月的 K 线走势。

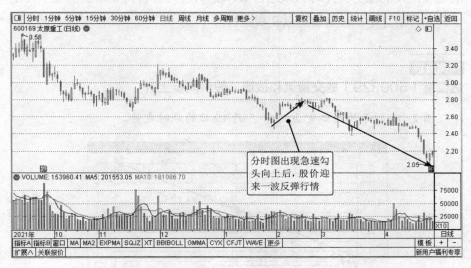

图 2-13　太原重工 2021 年 9 月至 2022 年 4 月的 K 线走势

从图 2-13 可以看到，2022 年 1 月 28 日太原重工在勾头向上的分时走势形成后，股价迎来一波向上的反弹回升行情，从 2.50 元价位线附近上涨至 2.80 元价位线附近。如果短线投资者利用勾头向上的分时走势信号买进，即可抓住这一波反弹行情。

2.2　抓住分时图中的量价变化关系

在分时图中，下方的柱线代表了成交量，它与股价线形成的分时量价关系也很重要，能够帮助投资者理清主力意向，做对应的、有效的、正确的投资决策。分时图的即时性很强，变化较为迅速，但是投资者可以通过成交量和股价的关系变动来分析多空双方的转变。

2.2.1　成交量温和放量，股价上行

　　如果分时图中下方的成交量呈温和放量，上方的股价同步上行，则说明盘中的多方力量较大，股价在当日收出阳线的可能性较大，市场极有可能延续前期的涨势。此时可以结合 K 线走势进行分析，如果股价处于稳定上升的行情之中，投资者可以积极跟进。

实例分析

达仁堂（600329）成交量温和放量，股价同步上升

　　图 2-14 所示为达仁堂 2022 年 5 月 19 日的分时走势。

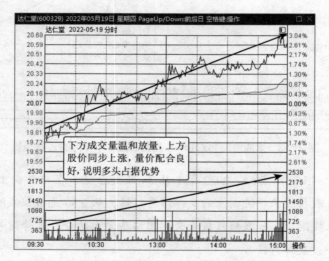

图 2-14　达仁堂 2022 年 5 月 19 日的分时走势

　　从图 2-14 可以看到，5 月 19 日的交易时间内，下方成交量温和放量，上方股价同步向上稳定攀升，量价配合良好，说明盘中多方力量强大，拉升意向强烈，此时查看 K 线走势。

　　图 2-15 所示为达仁堂 2022 年 1 月至 5 月的 K 线走势。

　　从图 2-15 可以看到，达仁堂前期经历了一番下跌行情，股价运行至18.00 元价位线附近止跌横盘，随后小幅向上攀升。5 月 19 日，量价配合的

分时走势出现在股价止跌回升的初期，说明场内多头拉升的意愿强烈，该股股价极有可能转入一波新的上升走势之中，投资者可以逢低买进。

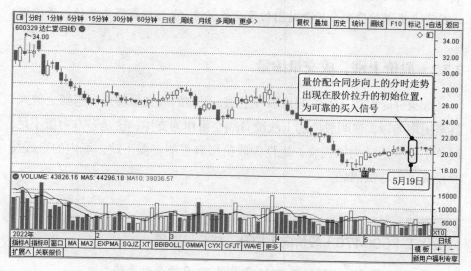

图 2-15　达仁堂 2022 年 1 月至 5 月的 K 线走势

图 2-16 所示为达仁堂 2022 年 4 月至 7 月的 K 线走势。

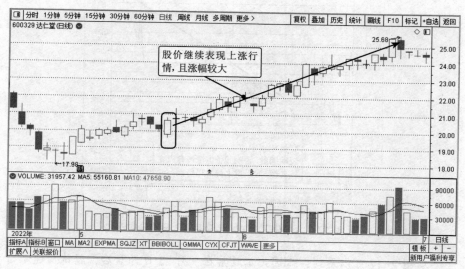

图 2-16　达仁堂 2022 年 4 月至 7 月的 K 线走势

从图 2-16 可以看到，达仁堂股价在 18.00 元价位线附近止跌回升，迎来一波上涨行情，股价震荡上行，截至 6 月底最高创出 25.68 元的价格。短线投资者根据量价配合的分时图信号逢低买进，也可以获得丰厚的投资回报。

2.2.2 股价上涨，成交量缩量

如果分时图中上方的股价表现上涨，下方的成交量却并没有随之放大，甚至出现缩量，说明股价的上涨没有成交量作为支撑，这是多方力量不足，股价上涨缺乏动力的表现，短期内股价极有可能走弱下跌，场内的短线持股投资者应尽快离场。

实例分析
六国化工（600470）股价向上拉升，成交量缩量

图 2-17 所示为六国化工 2021 年 9 月 22 日的分时走势。

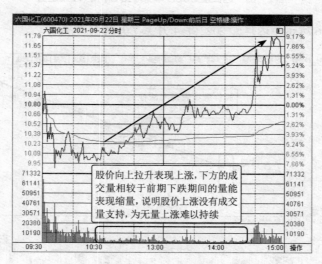

图 2-17 六国化工 2021 年 9 月 22 日的分时走势

从图 2-17 可以看到，六国化工股票在 9 月 22 日开盘后，股价快速下行跌至 9.95 元价位线附近后止跌回升，随后在 10.09 元价位线附近横向运行。

10:30 后，股价开始向上攀升，上穿均价线后继续向上运行，尾盘时甚至上行至 11.79 元价位线位置附近。

仔细观察分时走势图可以发现，股价在盘中向上拉升时，下方的成交量相较于前期下跌阶段的量能来说，呈现出极度缩量。这种现象说明股价上涨没有成交量支撑，难以继续向上拉升，股价近期极有可能下跌，此处不是短线投资者较好的买入点。

图 2-18 所示为六国化工 2021 年 6 月至 9 月的 K 线走势。

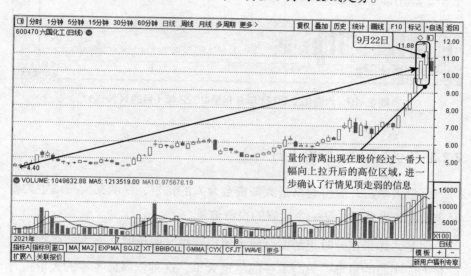

图 2-18　六国化工 2021 年 6 月至 9 月的 K 线走势

从图 2-18 可以看到，六国化工股票处于上升行情中，股价从 5.00 元下方的低位区域开始向上攀升，涨幅较大。9 月 22 日，量价背离的分时走势出现在股价经过一番大幅上涨行情后的高位顶部区域，这是股价见顶的信号，说明股价近期极有可能见顶下跌，转入弱势行情中。

图 2-19 所示为六国化工 2021 年 9 月至 2022 年 1 月的 K 线走势。

从图 2-19 可以看到，六国化工的股价在 11.88 元位置见顶后转入快速下跌的弱势行情之中，截至 2022 年 1 月底，股价最低跌至 5.96 元。如果投资者没有发现分时图中的量价背离信号而盲目追涨买进，将遭受重大经济损失。

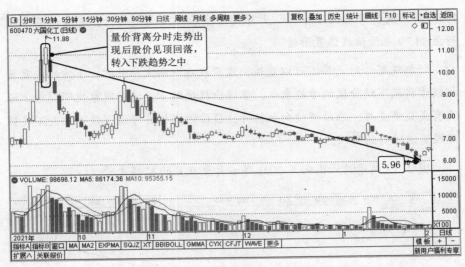

图 2-19 六国化工 2021 年 9 月至 2022 年 1 月的 K 线走势

2.2.3 巨量大单，股价上行

巨量大单拉升股价通常是大额资金介入的信号，说明某大户或主力看好个股的未来发展，是一个较好的投资信号。

但是，如果在分时走势中巨量大单出现拉升股价时，下方的成交量并没有形成明显的量堆，只有单一的巨量大单，这种依靠孤零零的大单拉升起来的股价涨势往往是难以持续的。因为没有跟风盘入场，也没有主力更进一步的推波助澜，股价极有可能迅速回落，不是一个好的短线买入点。

实例分析

中国联通（600050）巨量大单拉动股价上行

图 2-20 所示为中国联通 2022 年 3 月 28 日的分时走势。

从图 2-20 可以看到，中国联通在 2022 年 3 月 28 日当天，股票低开短暂横盘一段后成交量出现间歇性的单笔大单，带动股价向上突破均价线，涨势稳定，且与均价线的距离逐渐拉开。从当日的实时股价走势来看，多头占据优势，表现出向上拉升意图。此时，再结合 K 线走势来进一步分析。

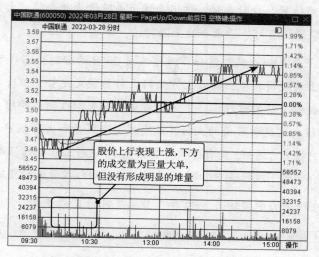

图 2-20　中国联通 2022 年 3 月 28 日的分时走势

图 2-21 所示为中国联通 2021 年 9 月至 2022 年 3 月的 K 线走势。

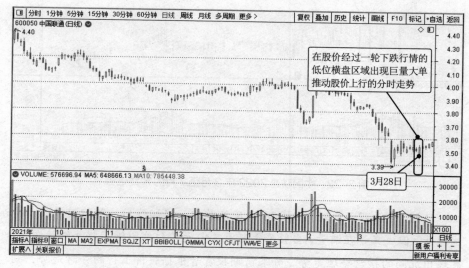

图 2-21　中国联通 2021 年 9 月至 2022 年 3 月的 K 线走势

从图 2-21 可以看到，中国联通经过一轮大幅下跌行情后下行至 3.50 元价位线附近，创出 3.39 元的新低后止跌并回到 3.50 元价位线上横盘整理。在整理过程中，3 月 28 日的分时图出现巨量大单推动股价向上攀升的上行走势。结合 K 线位置和分时走势，这似乎预示着股价止跌企稳，大户入场拉升股价，中国联通极有可能迎来一波上涨行情。

但事实上真是如此吗？进一步观察 3 月 28 日的分时走势图可以看到，虽然从整体上看股价表现出向右上方倾斜上行的稳定走势，但查看下方成交量发现，在股价上行的过程中，下方的成交量并未形成明显的堆量，而是单根放大的量柱。这说明股价的上行并没有吸引跟风盘和大量散户入场，只有极个别的大户投资者看好，没有持续的量能支持，这种上涨往往只是昙花一现，股价很快又会回到下跌行情中。所以，此时并不是短线投资者的良好买进机会。

图 2-22 所示为中国联通 2022 年 3 月至 7 月的 K 线走势。

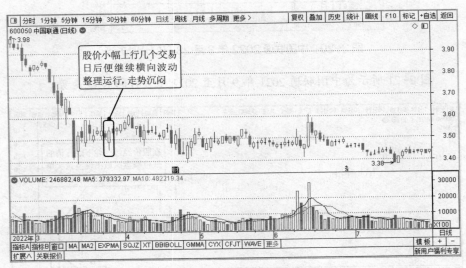

图 2-22　中国联通 2022 年 3 月至 7 月的 K 线走势

从图 2-22 可以看到，3 月 28 日 K 线收出一根阳线后，股价继续向上小幅拉升，但成交量在缩量，当股价上行至 3.60 元价位线附近后拐头继续向下，表现出沉闷的横盘整理走势。如果前期投资者根据股价上行的分时走势，判断行情走强而贸然入场，将遭受经济损失。

2.3 在均价线与股价线关系中找买点

分时图中有一根走势平滑的曲线为均价线，指的是当日股票的均价，即每一分钟内的平均价格。均价线是股价行情走向的重要分析依据，投资者可以利用均价线与股价线之间的关系变化来找投资买点。

2.3.1 股价线在均价线上方运行

当股价线在均价线上方波动上行，说明当天买入的投资者处于盈利状态，股价走势比较强，多头占据绝对优势，市场表现强势。结合 K 线位置进行分析，如果股票处于上升行情之中，那么股价回调下行至均价线附近时为投资者的买进机会。因为在上升行情中股价的上涨趋势大概率不会发生改变，当其下跌至均价线附近就是最佳的买入时机。

实例分析

建发股份（600153）股价线在均价线上方波动运行

图 2-23 所示为建发股份 2022 年 3 月 18 日的分时走势。

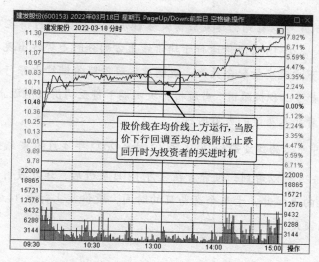

图 2-23　建发股份 2022 年 3 月 18 日的分时走势

从图 2-23 可以看到，2022 年 3 月 18 日股价开盘之后便长时间在均价线上方波动运行，当股价下行至均价线上时，能够获得均价线的支撑止跌回升，再次回到均价线上方。说明场内多头占据明显优势，市场表现强势上涨。此时查看 K 线走势。

图 2-24 所示为建发股份 2021 年 11 月至 2022 年 3 月的 K 线走势。

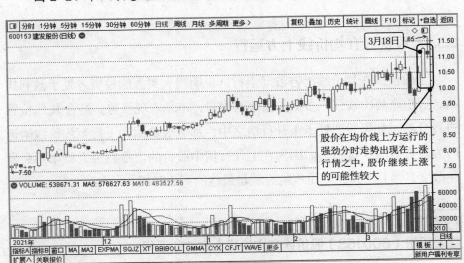

图 2-24　建发股份 2021 年 11 月至 2022 年 3 月的 K 线走势

从图 2-24 可以看到，建发股份处于稳定上行的上涨行情之中，股价重心不断上移。3 月 18 日股价运行于均价线上方的分时走势就出现在这段上升行情之中，下方成交量配合放大，说明建发股份股价继续上涨行情的可能性较大，投资者可以积极跟进。当股价再次回调下行至均价线附近止跌回升时，为短线投资者介入买进的大好时机。

图 2-25 所示为建发股份 2021 年 12 月至 2022 年 4 月的 K 线走势。

从图 2-25 可以看到，投资者在 3 月 18 日买进后，建发股份的股价继续上涨，快速向上拉升，十几个交易日的时间，股价就上行至 14.00 元价位线上方，涨幅较大。

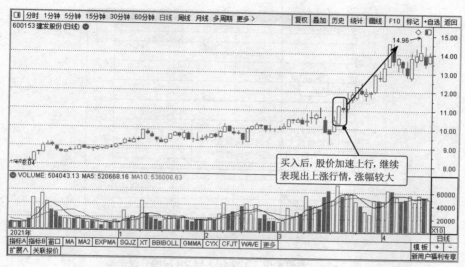

图 2-25 建发股份 2021 年 12 月至 2022 年 4 月的 K 线走势

2.3.2 股价线向上突破均价线

个股开盘后，股价线在均价线下方波动运行，表现弱势，当股价线自下而上突破均价线时为转势信号，意味着行情极有可能转入强势拉升的上涨走势之中。

此时投资者需要注意股价线向上突破均价线是真突破还是假突破。如果股价线只是小幅向上突破，均价线继续走平甚至是向右下方倾斜，说明市场的弱势行情并未发生改变，该突破位置不能作为买入点。

如果股价线向上突破均价线时，下方量能配合放大，那么股价由弱走强的概率会更高，股价线在突破之后会继续上行，均价线也向右上方倾斜运行，那么此时则是投资者的买入点。

实例分析

维维股份（600300）股价向上突破均价线买进分析

图 2-26 所示为维维股份 2022 年 1 月 28 日的分时走势。

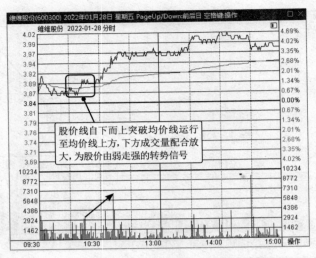

图 2-26　维维股份 2022 年 1 月 28 日的分时走势

从图 2-26 可以看到，2022 年 1 月 28 日，维维股份开盘后股价快速滑落至均价线下方，并在均价线下方波动运行，表现出弱势行情。10:10 左右，下方成交量放大，带动股价向上拉升有效突破均价线并运行至上方，说明股价极有可能由弱转强，进入强势拉升的上涨行情之中，此时查看 K 线走势。

图 2-27 所示为维维股份 2021 年 10 月至 2022 年 1 月的 K 线走势。

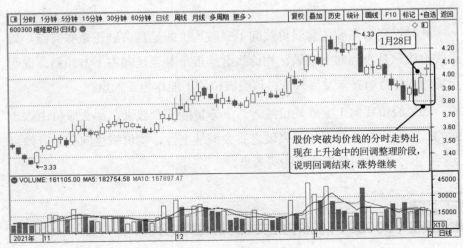

图 2-27　维维股份 2021 年 10 月至 2022 年 1 月的 K 线走势

从图 2-27 可以看到，维维股份处于震荡的上涨行情之中，股价从 3.40 元下方的低位区域向上波动运行，当股价上行至 4.20 元价位线附近时止涨横盘，随后小幅回落，下行至 3.80 元价位线附近时止跌横盘。

股价线向上突破均价线的分时走势就出现在横盘整理后期，说明此时的下行为股价上涨过程中的回调，股价向上突破均价线预示回调结束，股价将继续之前的上涨行情。因此，此时为短线投资者的买进机会，投资者应立即追涨。

图 2-28 所示为维维股份 2021 年 11 月至 2022 年 3 月的 K 线走势。

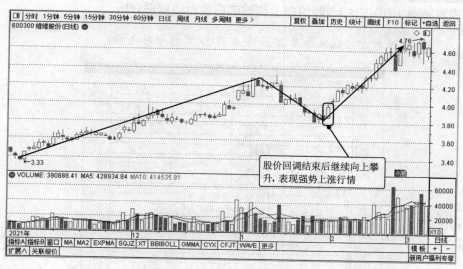

图 2-28　维维股份 2021 年 11 月至 2022 年 3 月的 K 线走势

从图 2-28 可以看到，股价在 3.90 元价位线附近回调结束后拐头向上，继续之前的上涨行情，截至 2022 年 3 月初最高上涨至 4.76 元。如果投资者前期利用股价线上穿均价线的分时图信息及时跟进，则能够享受这一波拉升行情。

2.3.3　股价线向上突破前日收盘线

股价线向上突破前日收盘线是指当日股票开盘后，股价长时间在收盘价下方运行，随后股价向上突破前日收盘价，表现出强势拉升。需要注意的是，在股价向上突破时需要成交量放大配合，如果突破时成交量没有配合放大，那么股价极有可能再次拐头下行，前日收盘线会成为一条阻力线。

股价线向上放量突破前日收盘线，是一个较好的短线买入点。但是要注意，股价线上穿前日收盘线之前，股价线必须始终处于前日收盘线下方，这就要求当日股价必须低开。如果股价高开之后再下行跌破收盘线，运行于收盘线下方后再向上突破，形成的形态则不适合短线做多。

实例分析
农发种业（600313）股价向上突破前日收盘线买进分析

图 2-29 所示为农发种业 2022 年 4 月 27 日的分时走势。

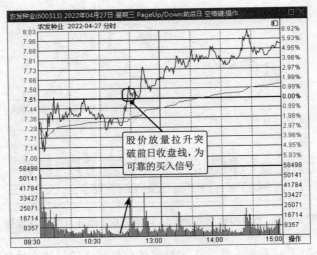

图 2-29　农发种业 2022 年 4 月 27 日的分时走势

从图 2-29 可以看到，2022 年 4 月 27 日，农发种业股票低开之后，股价在前日收盘线下方波动运行，两次上行至前日收盘线附近时均受阻而拐头向下，说明该收盘线为重要阻力位。

11:00 之前几分钟，下方成交量明显放大，带动股价向上直线拉升并有效突破前日收盘价，运行至收盘线上方。说明股价向上拉升意愿强烈，短期看涨，此时为短线投资者的买进机会。

股价突破前日收盘线后继续上行，随后止涨回踩前日收盘线，再次确认突破的有效性后开始向上大幅攀升，谨慎的投资者可以在回踩确认时买进。

从当天的分时走势可以看到，股价后续最高上涨至 8.04 元，以 7.92 元的价格收盘，即便是在买入的当天，投资者都可以获得 5% 以上的涨幅收益。此时查看 K 线走势。

图 2-30 所示为农发种业 2022 年 3 月至 4 月的 K 线走势。

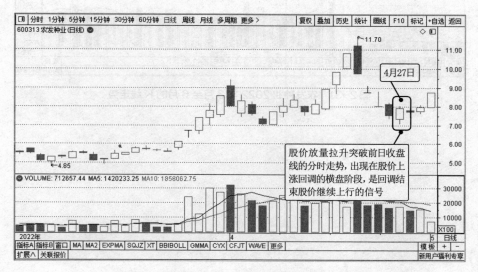

图 2-30　农发种业 2022 年 3 月至 4 月的 K 线走势

从图 2-30 可以看到，农发种业处于震荡的上涨行情之中，4 月 27 日股价上行突破前日收盘线的分时走势出现在股价的回调整理阶段，说明股价止跌企稳，回调整理结束，将继续表现上涨行情，股价近期看涨。

图 2-31 所示为农发种业 2022 年 3 月至 6 月的 K 线走势。

从图 2-31 可以看到，农发种业的股价在上涨至 12.00 元后止涨回调，下跌至 8.00 元价位线附近后止跌企稳，回调整理结束后再次发起上攻，表现出稳定的上涨走势，截至 2022 年 6 月初最高上涨至 15.87 元，涨幅较大。

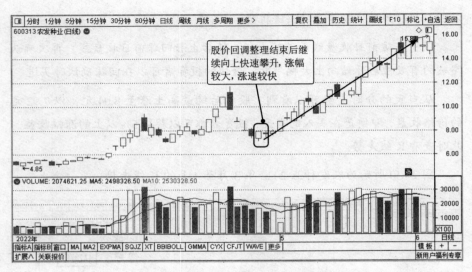

图2-31　农发种业2022年3月至6月的K线走势

第3章

透过K线图寻短线入场机会

▶ ▶ ▶

　　K线是一种特殊的市场语言，它通过最高价、最低价、开盘价及收盘价将每个交易日中的股价变化进行了详细描述，可以帮助投资者们快速了解当前股价的运行趋势和所在位置，以便找到最佳的短线入场机会。

3.1 多根 K 线形成的 K 线组合

K 线不仅能够描述当日的股价变化，还可以通过多根 K 线形成具有指示意义的 K 线组合，如连续的多根 K 线就可以形成启明之星、看涨吞没线、曙光初现等组合。投资者借助这些 K 线组合形态，就能对当前的股价走势做出判断，进而做出正确的投资决策。

3.1.1 启明之星

启明之星是典型的底部反转形态，它通常出现在股价下跌行情的底部或是阶段的底部区域，预示着下跌的结束，光明的上涨阶段即将到来。启明之星 K 线形态由三根 K 线组合而成，具体如下。

第一根是继续下跌的大阴线或中阴线，说明市场仍然处于下行的趋势之中，空头仍然占据优势，主导着市场的下行。第二天 K 线收出一根实体较小的小 K 线，可以是阴线，也可以是阳线，还可以是十字星线，显示空头力度衰竭，跌势减弱。接着第三天，股价一改之前的颓势开始向上大幅拉升，K 线收出一根上涨大阳线或中阳线，表明上升行情开始启动，阳线的实体应插入第一根阴线的实体内。

图 3-1 所示为启明之星 K 线组合示意图。

图 3-1　启明之星

启明之星是一个股价见底的信号，预示股价下跌动能耗尽，后市可能转而上扬。投资者可以在发现启明之星 K 线组合时趁机买进，持股待涨。

实例分析

中洲控股（000042）启明之星 K 线组合分析

图 3-2 所示为中洲控股 2022 年 3 月至 4 月的 K 线走势。

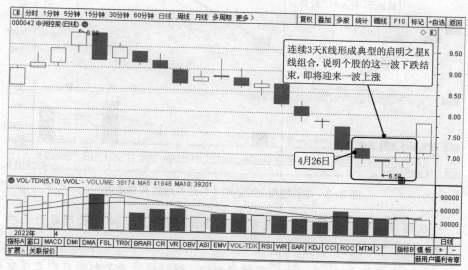

图 3-2　中洲控股 2022 年 3 月至 4 月的 K 线走势

从图 3-2 可以看到，中洲控股处于一波下跌走势之中，股价从 9.50 元价位线上方开始向下滑落，跌势迅猛。2022 年 4 月 26 日股价继续下行，K 线收出一根下跌阴线，将股价拉低至 7.00 元价位线上。接着第二天股价继续低开，盘中触底回升收出一根带长下影线的小阴线。到了第三天，股价一改之前的颓势，盘中大幅向上拉升，K 线收出一根上涨阳线，且阳线实体穿入阴线实体内部。

这 3 天的 K 线组成了典型的启明之星 K 线组合，说明中洲控股的这一波下跌结束，空头动能衰竭，该股即将迎来一波快速向上拉升的走势。此时为短线投资者的买入机会，投资者应在发现启明之星 K 线组合时快速买入跟进，持股待涨。

图 3-3 所示为中洲控股 2022 年 4 月至 5 月的 K 线走势。

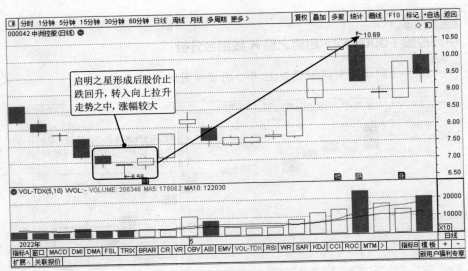

图3-3 中洲控股2022年4月至5月的K线走势

从图3-3可以看到，启明之星K线组合形成之后，中洲控股股价止跌回升，开启了一波快速的上涨，短短十几个交易日的时间，股价从7.00元价位线附近上涨至10.50元以上，涨幅超50%。短线投资者若利用启明之星发出的买入信号积极跟进，即可享受这一波涨幅收益。

3.1.2 看涨吞没

看涨吞没K线形态也是比较常见的一个转势信号，由两根K线组合而成。首先收出一根阴线，表明市场仍然处于弱市之中，第二天K线却收出一根坚挺的阳线，且阳线实体将前一日的阴线实体全部吞没，图3-4所示为看涨吞没示意图。

图3-4 看涨吞没

出现看涨吞没K线组合，说明市场中的多头力量以绝对的优势压倒了空头力量，该股的这一波下跌结束，继而转入向上的拉升走势中，是投资者买入跟进的大好时机。

看涨吞没 K 线形态虽然具有转势拉升的意义，但是投资者还要注意该信号的强弱程度，如果看涨吞没 K 线形态中出现了下列一些现象，那么它们发出的反转信号会非常强烈。

①在看涨吞没形态中，第一天的阴线实体非常小，而第二天的阳线实体非常大。这说明空头动能衰竭，力量较弱，而多头力量实力强劲。

②看涨吞没形态出现在股价经过一轮下跌走势的后期，说明股价暂时跌无可跌，空方无力继续拉低股价，此时多头更容易将股价迅速拉抬推高。

③在看涨吞没形态中，第二天的阳线伴随着大量的成交量作为支撑，说明场内有大量的资金流入支撑股价，该股极有可能迎来一波快速拉涨。

实例分析

中兴通讯（000063）看涨吞没 K 线组合分析

图 3-5 所示为中兴通讯 2022 年 1 月至 4 月的 K 线走势。

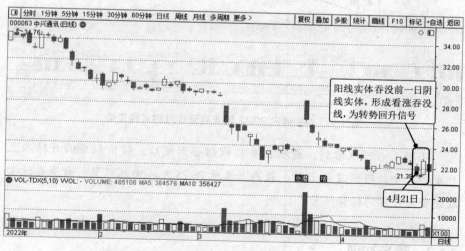

图 3-5　中兴通讯 2022 年 1 月至 4 月的 K 线走势

从图 3-5 可以看到，中兴通讯处于下跌走势之中，股价从 34.00 元价位线上方开始向下滑落，跌势猛烈。经过一轮大幅下跌后，在 2022 年 4 月上旬，股价运行至 22.00 元价位线上止跌横盘。

横盘过程中，K 线在 4 月 21 日收出一根下跌阴线，阴线实体较小说明市场仍然表现弱势。到了第二天，股价低开高走收出一根大阳线，且阳线实体吞没前一日阴线实体，两日的 K 线形成了看涨吞没 K 线形态。说明中兴通讯的这一波下跌已经运行至低位区域，场内的空头动能已经释放完全，后市即将迎来一波上涨，短线投资者可以在发现看涨吞没 K 线组合后积极买入，持股待涨。

图 3-6 所示为中兴通讯 2022 年 4 月至 6 月的 K 线走势。

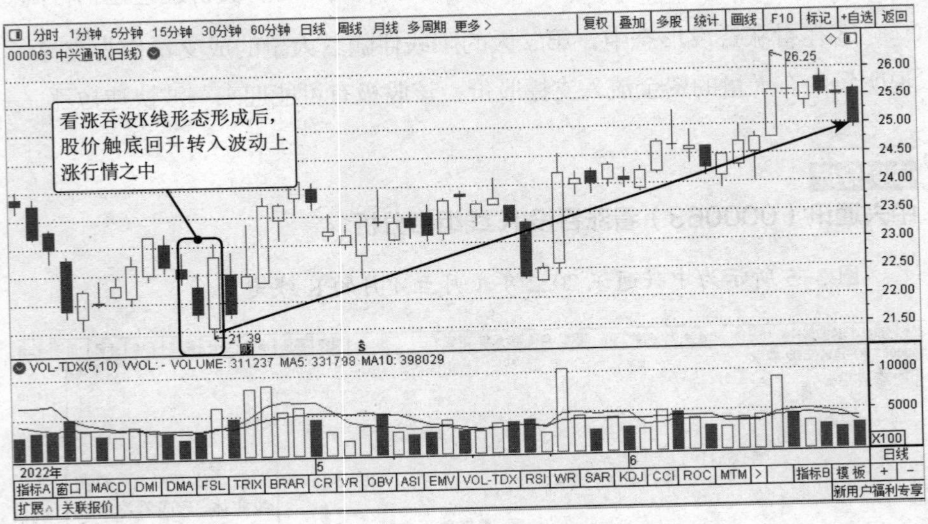

图 3-6 中兴通讯 2022 年 4 月至 6 月的 K 线走势

从图 3-6 可以看到，看涨吞没 K 线组合形成后，股价触底回升转入上升走势之中，股价波动上行，最高上涨至 26.25 元。由此可见，看涨吞没 K 线组合为可靠的转势信号。

3.1.3 曙光初现

曙光初现 K 线组合是由两根不同颜色的 K 线组合而成，一般出现在股价下跌末期，是市场由淡转好的信号。

形态的第一根 K 线为处于跌势中的大阴线，第二根 K 线为低开高走的大阳线，注意阳线的开盘价必须低于阴线的最低价，而收盘必须深入阴线实体的一半以上，图 3-7 所示为曙光初现示意图。

图 3-7　曙光初现

实例分析

德龙汇能（000593）曙光初现 K 线组合分析

图 3-8 所示为德龙汇能 2022 年 3 月至 4 月的 K 线走势。

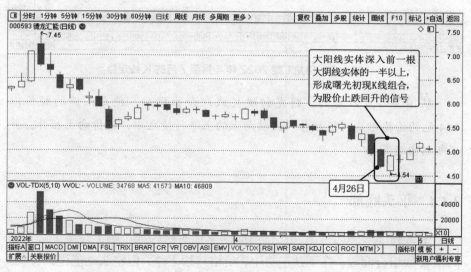

图 3-8　德龙汇能 2022 年 3 月至 4 月的 K 线走势

从图 3-8 可以看到，德龙汇能处于下跌走势之中，股价从 7.00 元价位线上方的高位向下波动下行，跌势迅速。4 月 26 日，股价继续下行，K 线收出一根高开低走的大阴线，第二天股价低开高走收出一根大阳线，且阳线实体深入前一根阴线实体的一半以上，两根K线形成了曙光初现K线组合。这说明德龙汇能的这一波下跌触底，股价止跌回升，即将迎来一波新的上涨，为短线投资者的买入信号。

图3-9所示为德龙汇能2022年4月至7月的K线走势。

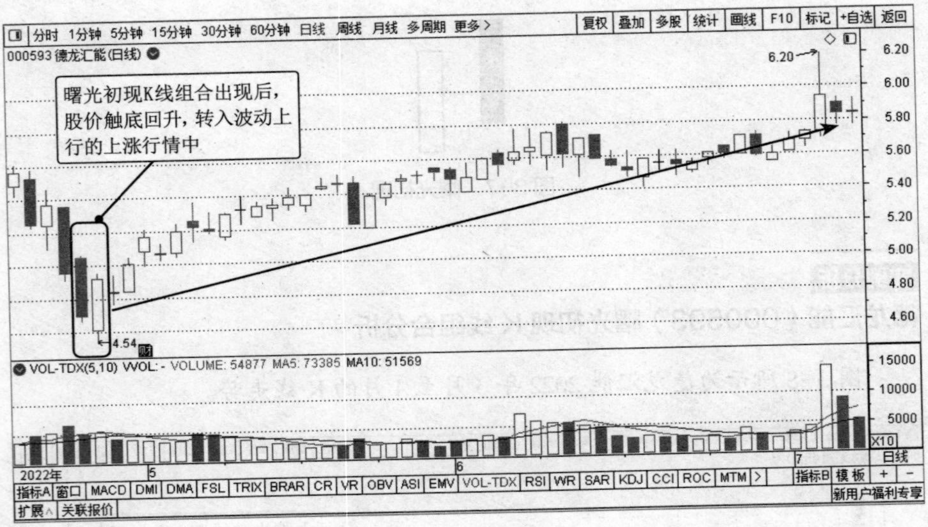

图3-9　德龙汇能2022年4月至7月的K线走势

从图3-9可以看到，曙光初现K线组合出现后，德龙汇能的股价以4.54元的价格触底，随后转入波动向上的上涨行情之中，股价向上抬升，并不断创出新高。

3.1.4　平头底部

平头底部形态通常出现在行情底部或是阶段底部，属于看涨形态，由两根K线组合而成。在下跌走势中，价格持续下跌，但空头动能逐渐减弱。在股价下探的过程中，两次都下跌至同一位置获得支撑，使得两根K线收出相同的最低价，形成平头底形态，这预示着多方力量开始崛起，新一轮的上涨即将启动，为投资者的买入信号。

平头底部形态可以是颜色相同或不相同的K线，最低点可以为下影线或实体，但两根 K 线的最低价应该相同，图 3-10 所示为平头底部示意图。

图 3-10　平头底部

需要注意的是，在实际投资中平头底部的最低价基本相等就可以判断形态成立，不一定要完全相同，但不能相差太大。

实例分析

浙江震元（000705）平头底部 K 线组合分析

图 3-11 所示为浙江震元 2022 年 3 月至 5 月的 K 线走势。

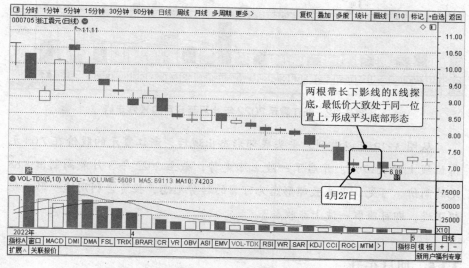

图 3-11　浙江震元 2022 年 3 月至 5 月的 K 线走势

从图 3-11 可以看到，浙江震元股价处于下跌走势之中，股价从 11.11 元的高位向下快速滑落。2022 年 4 月下旬，股价下跌至 7.00 元价位线附近后跌势减缓，4 月 27 日，K 线收出一根带长下影线的阳线，当日最低价为 6.90 元。第二天，股价继续下探，当股价下跌至 6.89 元价位线附近时止跌，K 线收出一根带长下影线的阴线。两根 K 线的最低价大致相同，可以判断这两根 K 线形成平头底部形态，说明股价在 6.90 元位置得到有力支撑，市场中的空头动能衰竭，该股即将迎来一波上涨，短线投资者可以在此位置积极买进。

图 3-12 所示为浙江震元 2022 年 4 月至 5 月的 K 线走势。

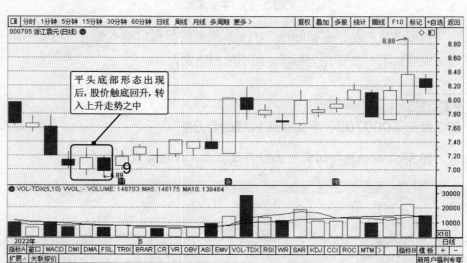

图 3-12　浙江震元 2022 年 4 月至 5 月的 K 线走势

从图 3-12 可以看到，平头底部形态出现后，浙江震元的股价在 7.00 元价位线上触底回升，开启了一波上涨走势，截至 2022 年 5 月最高创出 8.88 元的高价。可见，平头底部形态为可靠的转势形态，投资者利用这一形态积极跟进，即可赚取一波上涨收益。

3.1.5　旭日东升

旭日东升 K 线组合通常出现在个股下跌趋势的末端，由一阴一阳两根 K 线组合而成。K 线先顺势收出一根大阴线，接下来再收出一根高开高走的大阳线，且大阳线的收盘价超过了前一根阴线的开盘价，图 3-13 所示为旭日东升示意图。

图 3-13　旭日东升

旭日东升形态表示多头强力反击，股价反转，个股前景光明，后市看好。投资者在发现旭日东升这一 K 线组合时要积极买入跟进，持股待涨。

实例分析

航发控制（000738）旭日东升 K 线组合分析

图 3-14 所示为航发控制 2021 年 12 月至 2022 年 4 月的 K 线走势。

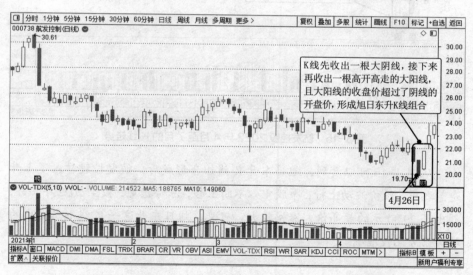

图 3-14　航发控制 2021 年 12 月至 2022 年 4 月的 K 线走势

从图 3-14 可以看到，航发控制股票处于震荡下行的下跌走势之中，股价从 30.00 元价位线上方的高位向下跌落，一路向下，跌势猛烈。2022 年 4 月 26 日，股价继续下行，K 线收出一根高开低走的大阴线，使得股价跌破 20.00 元价位线，并创出 19.70 元的低价。第二天股价高开高走，K 线收出一根大阳线，且阳线收盘价明显高于前一日阴线的开盘价，连续的两根K线形成了典型的旭日东升K线组合。这说明航发控制的这一波下跌趋势结束，场内多头动能聚集，个股即将迎来一波上涨走势，投资者可以在此位置积极买进。

图3-15所示为航发控股2022年4月至7月的K线走势。

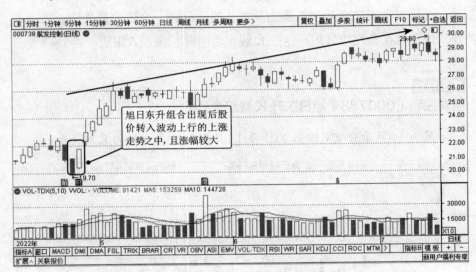

图3-15　航发控股2022年4月至7月的K线走势

从图3-15可以看到，旭日东升K线组合形成后，航发控股转入了上升走势之中，股价波动上行，个股重心不断上移，涨势稳定，截至2022年7月，创出了29.80元的最高价，涨幅较大。可见，旭日东升这一K线形态发出的转势信号比较准确。

3.2　K线底部转势形态

K线在长期的波动变化中还会形成另外一些具有市场指示意义的底部转势形态，投资者可以借助这些形态来快速判断股价底部，从而找到恰当的买入点。如 V 形底、双重底、三重底等常见的底部转势形态，都能够帮助投资者快速判断底部，进而掌握当前的行情变化。

3.2.1 V 形底

V 形底也常常被称为尖底形态，它是市场中出现频率较高的一种底部转势形态。V 形底形成的时间短，常常几个交易日便可形成，而且一般出现在市场剧烈的波动之中。股价经过连续收阴下跌跌至重要支撑位，以 V 形反转的方式连续收出阳线发起上攻，形成 V 形底形态，图 3-16 所示为 V 形底示意图。

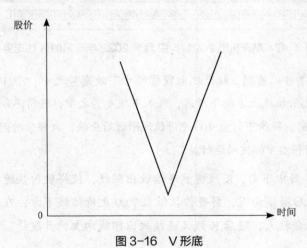

图 3-16 V 形底

V 形底形态是一种变化极快，转势力度极强的底部反转形态，但是该形态在转势点要有明显的大成交量配合，否则形态不能成立。投资者可以在之后 K 线连续收阳时快速买入跟进，持股待涨，若转势之后成交量持续放量支撑，则可以更加确定行情反转。

实例分析
航天机电（600151）V 形底形态买进分析

图 3-17 所示为航天机电 2021 年 12 月至 2022 年 5 月的 K 线走势。

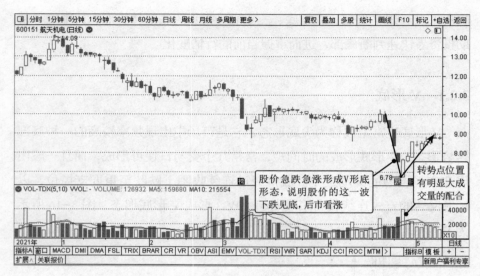

图 3-17　航天机电 2021 年 12 月至 2022 年 5 月的 K 线走势

从图 3-17 可以看到，航天机电股票处于下跌走势之中，2021 年 12 月底，股价从 14.00 元价位线上方向下滑落，转入下跌走势之中，股价不断创出新低。2022 年 3 月上旬，股价下行至 9.00 元价位线附近后止跌，大部分时间都在 9.00 元至 10.00 元进行横盘窄幅波动运行。

2022 年 4 月中下旬，K 线突然连续收出阴线，使得股价快速下跌，跌破 9.00 元价位线后继续向下，将股价拉低至 7.00 元价位线下方，在转势点位置下方成交量配合放大，随后 K 线又连续收出阳线向上拉升股价。

这一波急速下跌和急速上涨，使得 K 线形成了典型的 V 形底形态，说明航天机电的这一波下跌结束，场内多头聚集，后市即将展开一轮新的上涨走势，投资者可以在此位置积极买入跟进。

图 3-18 所示为航天机电 2022 年 4 月至 6 月的 K 线走势。

从图 3-18 可以看到，V 形底形态形成后，航天机电股票转入上涨走势之中，股价涨势稳定，截至 2022 年 6 月，最高上涨至 11.49 元，涨幅较大。如果投资者前期利用 V 形底形态准确判断，积极买进，即可获得上涨收益。

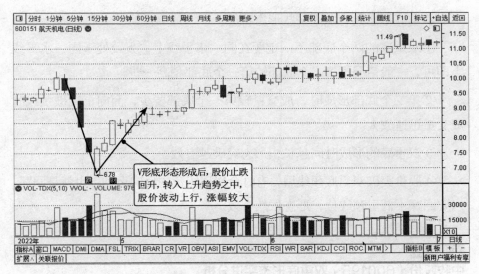

图 3-18 航天机电 2022 年 4 月至 6 月的 K 线走势

3.2.2 双重底

双重底形态因为形态像英文字母 "W"，又被称为 W 形底，该形态一般在下跌行情的末期出现。当股价下跌到一定幅度后出现反弹，然后再度下跌，但股价下跌至前一低点附近便止跌，随后伴随着大量的成交量向上拉升股价突破前期高点，即股价第一次冲高回落后的顶点（即颈线），然后股价继续向上拉升，双重底形态成立。

图 3-19 所示为双重底示意图。

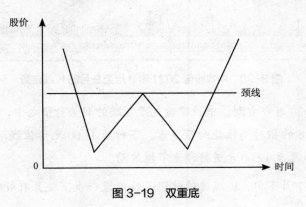

图 3-19 双重底

双重底形态具有以下一些形态特征。

①双重底的两个底部不一定要在同一水平线上，大致处于同一水平线上即可，一般情况下第二个底部较第一个底部稍高一些。

②第二个底部形成时，成交量较第一个底部要少，而向上突破颈线时成交量迅速放大。

③双重底的形成时间越长，形态突破越有效。

④股价突破双重底颈线后，有时会出现短暂的反向运动，也就是回踩，只要回踩不低于颈线位，形态依然有效。

实例分析
中牧股份（600195）双重底形态买进分析

图 3-20 所示为中牧股份 2021 年 2 月至 9 月的 K 线走势。

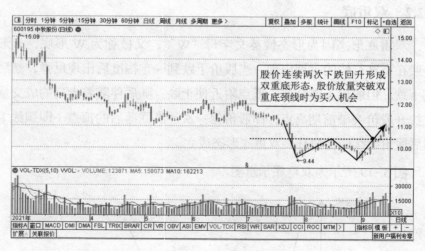

图 3-20　中牧股份 2021 年 2 月至 9 月的 K 线走势

从图 3-20 可以看到，中牧股份处于下跌的弱势行情之中，股价从 15.00元价位线上方的相对高位处向下跌落，下行至 11.00 元价位线附近后止跌，接着在 11.00 元至 12.00 元进行横盘窄幅波动。

2021 年 7 月下旬，K 线连续收阴，股价进一步下跌并有效跌破 11.00 元价位线后继续下行，跌至 10.00 元下方创出 9.44 元的新低后止跌回升。当股价上行至 10.30 元价位线附近后止涨再度下跌，跌至前期低点 9.44 元价位线附近止跌回升。

两次连续的下跌回升形成了两个大致处于同一水平位置的低点，构成了典型的双重底形态，说明中牧股份的这一波下跌行情结束，股价在此位置筑底，后市即将转入新一轮上涨行情之中。当下方成交量放量，推动股价上涨突破双重底形态颈线时，为短线投资者的买进机会。

图 3-21 所示为中牧股份 2021 年 7 月至 10 月的 K 线走势。

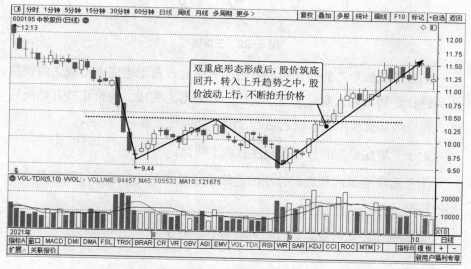

图 3-21　中牧股份 2021 年 7 月至 10 月的 K 线走势

从图 3-21 可以看到，双重底形态形成之后，中牧股份的股价在 9.50 元价位线上筑底，随后该股转入上升行情之中，股价震荡上行，K 线连续收阳。可见，双重底形态为可靠的底部转势信号，短线投资者利用双重底形态及时买进，可获得不错的投资回报。

3.2.3　三重底

三重底形态指的是股价经过一轮下跌之后运行至低位区域，股价连续

3 次下探底部，都在同一低点附近止跌反弹，形成底部三重底形态。图 3-22
所示为三重底的一般形态。

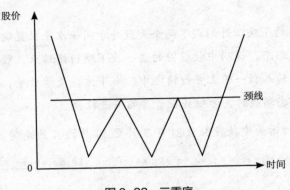

图 3-22　三重底

出现三重底形态的原因是投资者没有耐心，在形态完全形成之前便急
于买进；走势不如人意时又急于卖出。等到形态完成，股价正式开始反转
时，投资者却犹豫不决，缺乏信心，没有把握住上涨。

对于三重底形态的分析需要注意以下两点：

①三重底的颈部和底部分别的连线几乎是水平的，所以三重底具有矩
形的特征。

②三重底的低点与低点的间隔距离不必相等。

实例分析
同仁堂（600085）三重底形态买进分析

图 3-23 所示为同仁堂 2021 年 5 月至 12 月的 K 线走势。

从图 3-23 可以看到，同仁堂股票正处于一波下跌之中，股价从 44.00 元
价位线上方向下跌落，重心不断下移。2021 年 9 月中下旬，股价跌至 32.00
元价位线下方，创出 30.78 元的新低后止跌回升，当股价上涨至 34.00 元价
位线附近时止涨回落，接着跌至前期低点 31.00 元附近时再次止跌回升。股
价上涨至前期高点 34.00 元价位线附近后又一次止涨回落，跌至 32.00 元价
位线附近时再次止跌回升。

经过 3 次的下跌回升，K 线形成了 3 个大致处同一水平位置上的低点，构成了典型的三重底形态，这说明同仁堂股票的这一波下跌见底，场内空头动能衰竭，多头力量聚集，后市即将迎来一波上涨。当股价放量拉升，有效向上突破三重底形态颈线时，为投资者的最佳买入机会，预示着股价拉升在即。

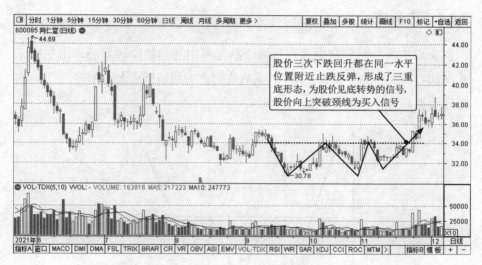

图 3-23　同仁堂 2021 年 5 月至 12 月的 K 线走势

图 3-24 所示为同仁堂 2021 年 9 月至 2022 年 1 月的 K 线走势。

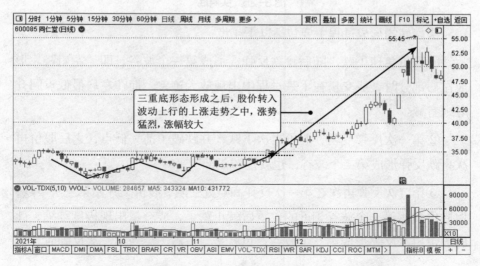

图 3-24　同仁堂 2021 年 9 月至 2022 年 1 月的 K 线走势

从图 3-24 可以看到，三重底形态形成后，同仁堂转入新一轮向上震荡拉升的走势之中，股价快速向高位区域运行，最高创出 55.45 元的价格，涨势迅速，涨幅较大。

3.2.4 头肩底

头肩底是一种经常出现在行情下跌尾声中的趋势反转形态，由左肩、头部和右肩 3 个部分组成，其中，头肩底形态的两肩低点大致相等。图 3-25 所示为头肩底示意图。

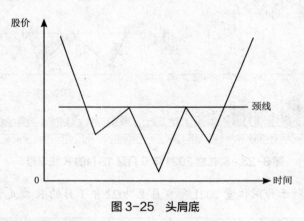

图 3-25 头肩底

头肩底的形成过程主要包括以下 4 步：

①股价急速下跌，随后止跌反弹，形成第一个波谷，即"左肩"。形成左肩部分时，成交量在下跌过程中出现放大迹象，而在左肩最低点回升时则有减少。

②第一次反弹受阻，股价再次下跌，并跌破了前一低点，之后股价再次止跌反弹形成第二个波谷，也就是"头部"。

③第二次反弹再次在第一次反弹高点处受阻，股价又开始第三次下跌，但股价到达第一个波谷相近的位置后就止跌了，成交量出现极度萎缩，此后股价再次反弹形成第三个波谷，也就是"右肩"。当第三次反弹时，成

交量显著增加。

④第一次反弹高点和第二次反弹高点，连接起来就是阻碍股价上涨的"颈线"。但当第三次反弹时股价会在成交量的配合下，将这根"颈线"冲破，站在其上方，此时为投资者买入跟进的大好时机。

实例分析

西藏矿业（000762）头肩底形态买进分析

图 3-26 所示为西藏矿业 2021 年 9 月至 2022 年 6 月的 K 线走势。

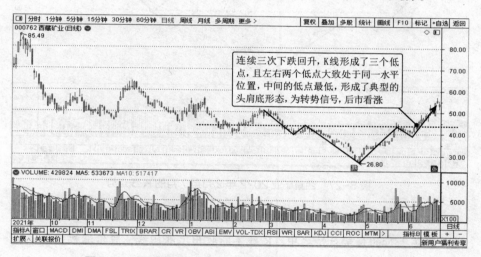

图 3-26 西藏矿业 2021 年 9 月至 2022 年 6 月的 K 线走势

从图 3-26 可以看到，西藏矿业处于不断下行的弱势走势之中，股价不断创出新低。2022 年 3 月中上旬，股价下行至 40.00 元价位线附近后止跌回升，上涨至 45.00 元附近后回落。

随后一路下滑至 30.00 元价位线下方，创出 26.80 元的低价后止跌，回升至 45.00 元价位线附近后再次下跌，跌至第一次下跌的低点 40.00 元价位线附近时止跌，再次上涨。

通过 3 次的下跌回升，K 线形成了 3 个低点，且左右两个低点大致处于同一水平位置，中间的低点最低，形成了典型的头肩底形态。这说明西藏矿业的这一波下跌行情结束，后市即将展开一波新的拉升行情，股价近期看涨。当股价放量拉升突破头肩底形态颈线时，为投资者的买进机会，投资者可积极逢低吸纳，持股待涨。

图 3-27 所示为西藏矿业 2022 年 2 月至 7 月的 K 线走势。

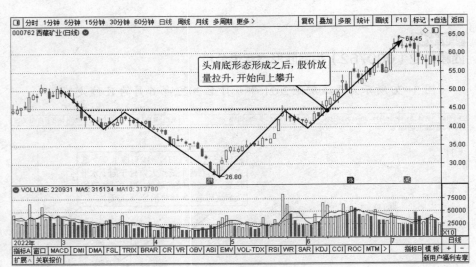

图 3-27　西藏矿业 2022 年 2 月至 7 月的 K 线走势

从图 3-27 可以看到，头肩底形态形成之后，股价放量拉升，西藏矿业进入震荡上行的强势行情之中，K 线不断收出上涨阳线，股价涨幅较大。如果投资者前期能够利用头肩底形态发出的底部信号及时跟进买入，即可享受这一波上涨收益。

3.3　K 线整理形态涨势继续

K 线不仅能够形成一些具有市场指示意义的底部形态，还能形成整理形态，从而帮助投资者判断当前股价所处阶段。

对于大部分投资者来说，最为担心的就是在顶部高位买入，给自己带来重大的经济损失，而上涨中的整理形态，能够帮助投资者确定当前的股价运行趋势并未发生变化，整理结束后上涨会继续，有助于投资者找到合适的买入点。

3.3.1 上升矩形

上升矩形是常出现在股价上涨趋势中的一种整理形态。股价经过一段时间的上涨后，在某一个价位遇到较强的阻力止涨下跌，当股价跌至某一价位时又获得支撑再度回升。随后股价在这一区间反复震荡，就形成了上升矩形。

图 3-28 所示为上升矩形示意图。

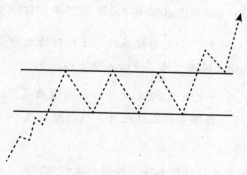

图 3-28 上升矩形

上升矩形运行到后期，股价会放量上行突破矩形上边线，使股价进入新的上涨阶段。对短线投资者来说，股价放量上行突破矩形上边线为绝佳的买入机会。

实例分析

金发科技（600143）上升矩形中继形态买进分析

图 3-29 所示为金发科技 2020 年 3 月至 2021 年 1 月的 K 线走势。

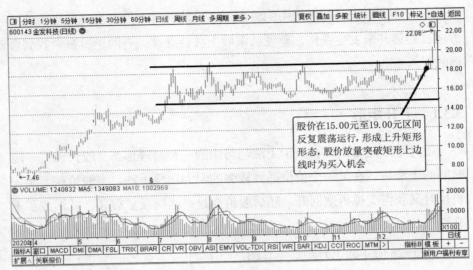

图3-29 金发科技 2020 年 3 月至 2021 年 1 月的 K 线走势

从图 3-29 可以看到，金发科技正处于上升行情之中，股价从 8.00 元下方的低位区域开始向上逐浪上涨，重心不断上移。

2020 年 7 月，股价上涨至 19.00 元价位线附近后遇阻止涨回落，下跌至 15.00 元价位线附近后获得支撑止跌回升，随后股价在 15.00 元至 19.00 元进行反复震荡运行。

如此反复的走势使得股价形成了矩形整理形态，那么此时的整理是高位见顶整理，还是上涨途中的整理呢？

在形势暂不明朗的情况下，投资者应持币观望。如果股价放量上行有效突破矩形上边线，说明金发科技的这一波上涨行情并未结束，此时的矩形为上涨过程中的中继，后市股价将继续上涨。股价放量突破矩形上边线时，为投资者买进介入的好机会。

图 3-30 所示为金发科技 2020 年 7 月至 2021 年 2 月的 K 线走势。

从图 3-30 可以看到，股价在 2021 年 1 月初放量拉升向上突破了矩形的上边线，确认此次整理为上涨途中的中继。金发科技迎来了一波加速上行的上涨行情，短短十几个交易日的时间，股价从 19.00 元价位线附近上涨至最高 32.80 元，涨幅超 70%。

如果投资者能利用上升矩形中继形态释放出的买入信号积极介入，即可抓住这一波上涨行情。

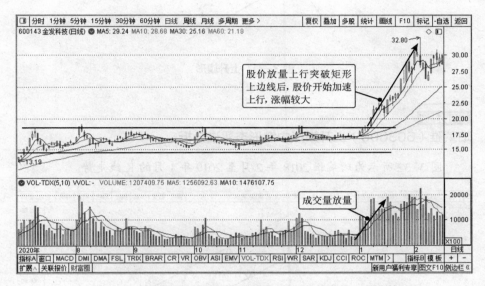

图 3-30　金发科技 2020 年 7 月至 2021 年 2 月的 K 线走势

3.3.2　上升旗形

上升旗形的形成是因为股价上涨到某一价位线时受到压力而整理下行，整理过程呈现出由左向右下方倾斜的平行四边形。

当股价整理结束之后，股价就会向上拉升突破四边形的上边线，继续之前的上涨行情。对于投资者而言，股价向上突破上升旗形的上边线时为最佳的买进点。

如果股价向上突破失败，则股价转入下跌行情之中，该形态也不能称为上升旗形。

图 3-31 所示为上升旗形示意图。

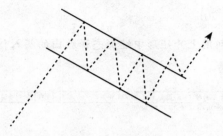

图 3-31　上升旗形

实例分析

珀莱雅（603605）上升旗形中继形态买进分析

图 3-32 所示为珀莱雅 2018 年 2 月至 2019 年 1 月的 K 线走势。

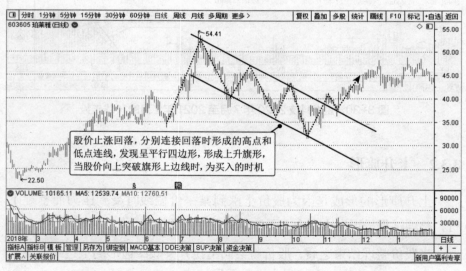

股价止涨回落，分别连接回落时形成的高点和低点连线，发现呈平行四边形，形成上升旗形，当股价向上突破旗形上边线时，为买入的时机

图 3-32　珀莱雅 2018 年 2 月至 2019 年 1 月的 K 线走势

从图 3-32 可以看到，珀莱雅股票处于上升行情之中，股价上涨到 35.00元价位线后涨势减缓。在 6 月初，股价上涨越过 40.00 元价位线后出现快速回落，最终在 35.00 元价位线获得支撑出现快速上涨行情，股价在 7 月上旬创出 54.41 元的阶段高价后止涨回落，随后波动下行。

此时，分别将股价波动下行过程中的高点和低点连线，发现股价几乎在两条平行直线通道中波动下行，形成了典型的上升旗形形态。

　　10 月中旬，股价在上升旗形下边线止跌后一路震荡上行，最终在 10 月底的连续阳线推动下突破上升旗形的上边线。虽然之后股价出现短暂回抽，但是最终在上升旗形上边线获得支撑止跌，此时更加说明上升旗形形态成立，后市将继续表现之前的上涨行情，投资者可以在股价向上突破旗形上边线，回抽获得支撑时积极买进，持股待涨。

　　图 3-33 所示为珀莱雅 2018 年 4 月至 2019 年 4 月的 K 线走势。

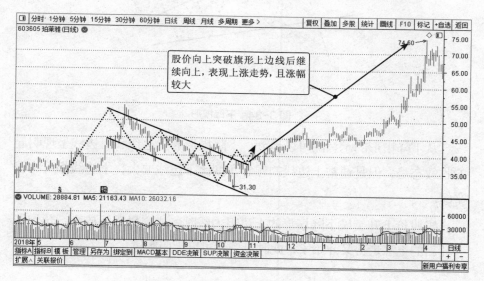

图 3-33　珀莱雅 2018 年 4 月至 2019 年 4 月的 K 线走势

　　从图 3-33 可以看到，股价向上有效突破上升旗形上边线回抽获得支撑后，珀莱雅的股价继续表现之前的上涨行情，股价向上波动运行，涨势稳定，重心不断上移，短期最高上涨至 74.50 元，涨幅较大。

3.3.3　下降楔形

　　下降楔形是出现在上涨途中比较常见的一种整理中继形态，股价经过一轮大幅拉升行情之后，从高处回落，跌至某一低点时止跌回升，但还未回升至上次的高点，甚至距离较远的位置便回落，第二次回落的低点跌破前一个低点创出近期新低，之后股价再次回升。分别连接高点和低点连线，发现高点一个比一个低，低点也是一个比一个低，形成了两条同时下倾的斜线，这就是下降楔形，图 3-34 所示为下降楔形示意图。

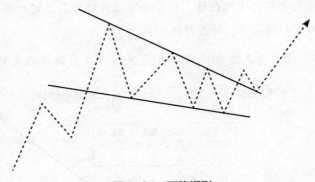

图 3-34　下降楔形

从下降楔形的示意图可以看到，下降楔形的上边线和下边线呈现明显的收敛态势，但是通常上边线的倾斜角度比下边线要大，下边线相对比较平缓。

当股价上升突破下降楔形的上边阻力线时，成交量明显放大，预示着一轮新的上涨走势又开始了，此时投资者可以大胆跟进。

实例分析

靖远煤电（000552）下降楔形中继形态买进分析

图 3-35 所示为靖远煤电 2021 年 2 月至 8 月的 K 线走势。

从图 3-35 可以看到，靖远煤电股票处于震荡上行的上涨行情之中，股价波动上行不断创出新高。2021 年 5 月初，股价上涨至 3.40 元价位线上方创出 3.48 元的新高后止涨回落。

后续股价波动下行，不断向下滑落。分别连接股价下行过程中的高点和低点形成连线，发现高点一个比一个低，低点也一个比一个低，形成了两条同时向下倾斜的斜线，构成下降楔形形态。

2021 年 8 月上旬，下方成交量突然放大，带动股价向上拉升，并有效突破下降楔形的上边线。这说明靖远煤电的这一波回落调整结束，后市将继续之前的上涨行情，投资者可以在此位置积极买进，持股待涨。

图 3-35　靖远煤电 2021 年 2 月至 8 月的 K 线走势

图 3-36 所示为靖远煤电 2021 年 4 月至 9 月的 K 线走势。

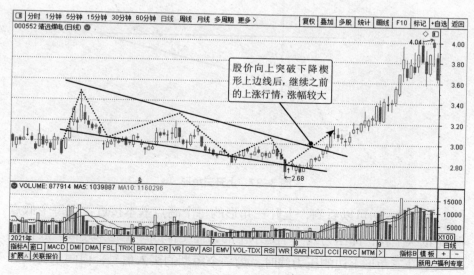

图 3-36　靖远煤电 2021 年 4 月至 9 月的 K 线走势

从图 3-36 可以看到，股价放量拉升有效突破下降楔形的上边压力线后，股价继续之前的上涨行情，并向上加速拉升，涨势稳定，逐步上涨至 4.00 元价位线以上，涨幅较大。如果短线投资者前期利用下降楔形判断股价所处位置，积极跟进，即可享受这一波上涨行情。

3.3.4　上升三角形

上升三角形从字面上来理解，就是外形像三角形的一种整理形态，它是一种延续形态，通常出现在上涨行情之中，所以也被称为看涨三角形。

股价在上涨行情中涨至某一价位线时，遇到强大的压力而止涨回落，跌至某一价位时止跌再次冲高，当其上涨至前期高点时再次遇阻回落，但价格还未回到上次低点便开始反弹回升。此时分别连接高点和低点形成连线，可以得到一条明显的水平阻力线和向右上方运行的支撑线，进而形成三角形形态。

图 3-37 所示为上升三角形示意图。

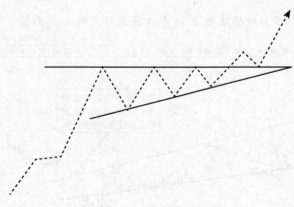

图 3-37　上升三角形

从图 3-37 可以看到，上升三角形的每个高点基本接近，但每个低点则是依次上移，即压力线几乎是水平的，而支撑线却是越来越高。股价在突破上升三角形上边的压力线时，为一个短期的买入信号，但向上突破必须要有大成交量的配合。

实例分析

中银绒业（000982）上升三角形中继形态买进分析

图 3-38 所示为中银绒业 2021 年 5 月至 11 月的 K 线走势。

图 3-38　中银绒业 2021 年 5 月至 11 月的 K 线走势

从图 3-38 可以看到，中银绒业处于上升行情之中，股价从 1.50 元价位线下方的低位区域向上攀升。2021 年 6 月，股价上涨至 3.00 元价位线附近后止涨回落，当股价跌至 2.25 元价位线附近后得到支撑再次上冲，上涨至前期高点 3.00 元价位线附近时，股价受阻回落。但股价此次的回落并未跌至前期低点，而是跌至 2.50 元价位线附近便止跌回升，随后再次上涨至 3.00 元价位线附近滞涨，之后回到 2.75 元附近后止跌。

分别连接股价波动时的高点和低点形成连线，发现每个高点基本接近，但每个低点是依次上移的，形成上升三角形形态。2021 年 11 月下旬，下方成交量放大，推动股价向上攀升，并有效突破上升三角形上边压力线，运行至压力线上方。这说明中银绒业股票的这一波回落调整结束，后市将继续表现之前的上涨行情，股价向上突破上升三角形上边线时，为短线买入时机。

图 3-39 所示为中银绒业 2021 年 6 月至 11 月的 K 线走势。

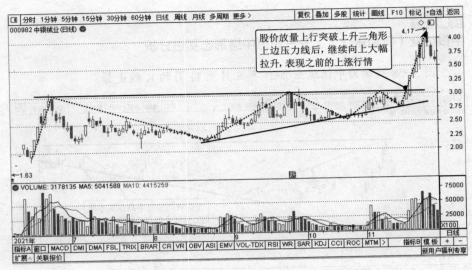

图 3-39　中银绒业 2021 年 6 月至 11 月的 K 线走势

从图 3-39 可以看到，股价放量上行突破上升三角形上边压力线后，继续向上大幅拉升，表现之前的上涨行情，且涨速较快，涨幅较大。投资者如果在股价放量突破时积极买入，即可获得不错的投资回报。

第4章
解读均线中的短线买入策略

▶▶▶

　　均线全名移动平均线，是将一定时期内的股价加以平均，并将不同时间的平均值连接起来形成的价格平均线。均线是股市投资交易中应用最普遍的技术指标之一，它能揭示当前市场的波动情况，帮助交易者确认现在趋势，进而更好地做好短线投资。

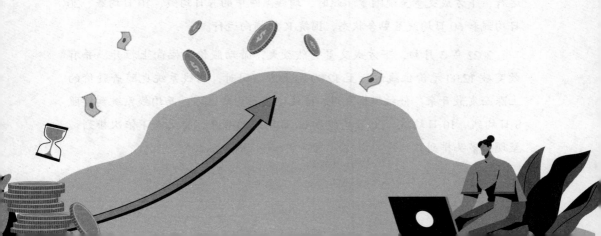

4.1 均线常规用法

均线在实际的运用中指的是均线系统，它是由多根不同时间周期的均线所组成，通常炒股软件默认情况下的均线系统包括 5 日均线、10 日均线、20 日均线和 60 日均线。这些不同周期的均线在跟随股价波动变化的过程中会呈现出多种形态，而这些形态也能帮助投资者更好地把握市场行情变化。

4.1.1 均线多头排列

均线多头排列指的是 K 线在均线上方运行，且均线系统按照短期均线、中期均线和长期均线的顺序，从上到下依次排列。均线呈多头排列说明市场处于强势上升趋势之中，多方向上进攻的力量较强。如果投资者能够在均线多头排列初期及时跟进，则通常可以赶上一波上涨行情，但是如果投资者在均线多头排列末期跟进，此时股价已经经过了一波大幅拉升，后市极有可能止涨回落，转入下跌行情之中。

实例分析
中国医药（600056）均线多头排列买进分析

图 4-1 所示为中国医药 2022 年 1 月至 3 月的 K 线走势。

从图 4-1 可以看到，中国医药股票经过一轮大幅下跌行情后，股价运行至 12.00 元价位线下方的低位区域，随后股价长期在 12.00 元下方横盘整理运行，下方成交量呈现缩量。此时，均线系统中的 5 日均线、10 日均线、20 日均线和 60 日均线呈黏合状态，围绕 K 线横向运行。

2022 年 3 月初，下方成交量突然放大，带动股价大幅向上拉升，并有效突破 12.00 元价位线运行至 12.00 元上方。同时，均线系统也随着股价的上涨而发散开来。仔细观察发现，K 线运行在均线上方，而均线系统则按照 5 日均线、10 日均线、20 日均线和 60 日均线的顺序，自上而下依次排列，呈现出多头排列。

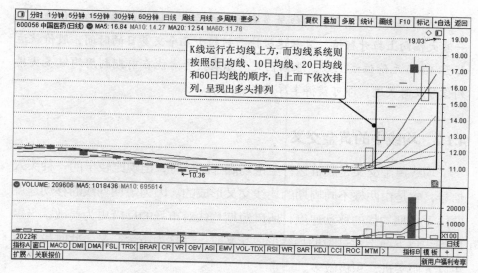

图 4-1　中国医药 2022 年 1 月至 3 月的 K 线走势

在经过一轮大幅下跌行情后的底部低位区域，均线呈现出多头排列，说明中国医药横盘整理结束，即将展开一轮新的上涨行情，投资者可以在此位置积极买入跟进，持股待涨。

图 4-2 所示为中国医药 2022 年 2 月至 4 月的 K 线走势。

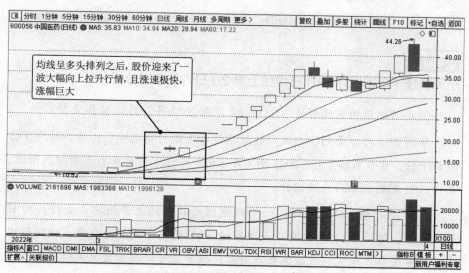

图 4-2　中国医药 2022 年 2 月至 4 月的 K 线走势

从图 4-2 可以看到，均线呈多头排列之后，中国医药股票的股价迎来了一波大幅向上拉升行情，且涨速极快，短短十几个交易日的时间，股价就运行至 40.00 元价位线上方，涨幅巨大。如果投资者能在前期利用均线多头排列信号及时买进，即可获得丰厚的投资回报。

4.1.2　均线中的黄金交叉

均线黄金交叉是股价运行至市场底部区域时，出现比较早的一种买入信号，它是由两根不同周期的均线交叉形成的。因为短期均线的移动速度要快于长期均线的移动速度，所以短期均线对市场的反应更为灵敏，当短期均线自下而上穿过长期均线形成交叉时，就称为黄金交叉。此时投资者可以大胆买进，积极做多。

我们知道，在均线系统中均线的数量较多，虽然不同周期的均线发生黄金交叉的位置可能不同，但是产生的效果是一样的。如果投资者选用周期较长的移动平均线，如 10 日均线或 20 日均线，那么黄金交叉出现的时间则会较晚，位置也会较高；如果选用周期较短的移动平均线，如 5 日均线或 10 日均线，那么黄金交叉出现时间较早，位置也较低，但买入风险也会较大。没有孰优孰劣的区别，投资者只需根据实际需要选择即可。

实例分析
东风科技（600081）10 日均线上穿 20 日均线买进分析

图 4-3 所示为东风科技 2021 年 12 月至 2022 年 5 月的 K 线走势。

从图 4-3 可以看到，东风科技股票处于下跌行情之中，K 线在均线下方波动下行，重心不断下移。2022 年 4 月下旬，股价下行至 9.00 元价位线附近，创出 8.83 元的新低后止跌回升。

与此同时查看均线发现，10 日均线随着股价的上升而拐头上行，20 日均线走平，随后 10 日均线自下而上穿过 20 日均线形成黄金交叉，说明场内多头力量聚集，东风科技股票近期看涨，投资者可以在黄金交叉位置积极跟进，持股待涨。

图 4-3　东风科技 2021 年 12 月至 2022 年 5 月的 K 线走势

图 4-4 所示为东风科技 2022 年 4 月至 6 月的 K 线走势。

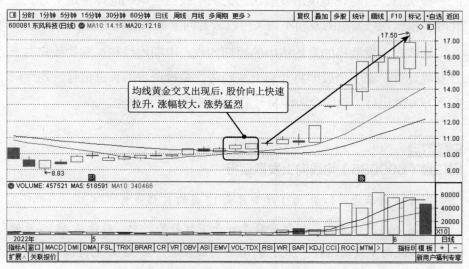

图 4-4　东风科技 2022 年 4 月至 6 月的 K 线走势

从图 4-4 可以看到，10 日均线自下而上穿过 20 日均线形成黄金交叉后，东风科技股票迎来了一波快速拉升行情，仅仅几个交易日的时间，股价从

11.00 元价位线附近上涨至最高 17.50 元，涨幅超过 59%。如果短线投资者利用黄金交叉发出的信号积极买进，即可获得这一波快速拉升收益。

4.1.3　均线发散、收敛与黏合

股价的涨跌波动呈现趋势变化，总是行情启动—拉升—见顶回落—结束，然后循环反复，反映到均线上就出现了均线从发散—收敛—黏合—再发散的循环过程。因此，透过均线运行时的状态，投资者可以大致判断股价当前所处的位置，以及市场行情的变化，进而帮助我们做出适合的投资决策。

（1）均线发散

均线发散指的是短期均线、中期均线和长期均线之间的距离越来越远的一种状态，当均线呈现出发散状态说明个股已经明确选择了走势方式。此时，根据均线发散的方向不同又可以分为向上发散和向下发散。

均线向上发散指的是均线中的短期均线、中期均线和长期均线向右上方发散运行，说明个股即将开启上涨趋势，是投资者的买进信号。均线向右下方发散运行，说明个股即将开启下跌趋势，后市看空。

实例分析
同仁堂（600085）均线向上发散运行

图 4-5 所示为同仁堂 2021 年 7 月至 12 月的 K 线走势。

从图 4-5 可以看到，同仁堂股票处于下跌趋势之中，股价从 43.23 元的相对高位处向下波动运行。2021 年 10 月，股价运行至 32.00 元价位线下方创出 30.78 元的新低后止跌，随后股价在 32.00 元至 34.00 元进行横盘窄幅波动，此时均线黏合纠缠运行。

2021 年 11 月下旬，成交量放大，股价向上拉升，并向上有效突破 34.00 元价位线，运行至 34.00 元价位线上方。此时查看均线系统发现，均线由之前

的纠缠状态转为向右上方发散运行的状态，且短期均线、中期均线和长期均线之间的距离越来越远。由此说明同仁堂股票进入了新一轮拉升行情之中，股价短期看涨，投资者应大胆跟进。

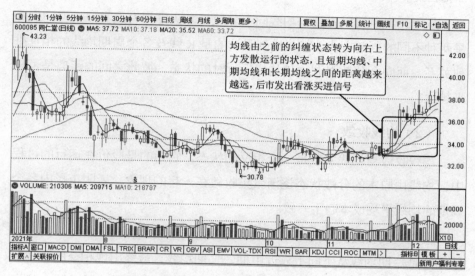

图4-5 同仁堂2021年7月至12月的K线走势

图4-6所示为同仁堂2021年10月至2022年1月的K线走势。

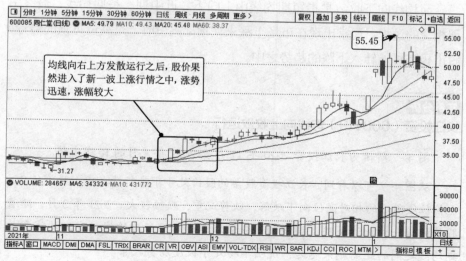

图4-6 同仁堂2021年10月至2022年1月的K线走势

从图 4-6 可以看到，均线向右上方发散运行之后，同仁堂股票果然进入了新一波上涨行情之中，股价波动上行，涨势稳定，最高上涨至 55.45 元，涨幅巨大。

从上述案例可以看到，均线向上分散与多头排列有点类似，但它们却是两种不同的判断方式。多头排列强调的是 K 线及各个周期均线的相互排列关系，而向上分散强调的是均线运行时的状态，彼此之间的距离是否越来越远。

（2）均线收敛

均线收敛与均线发散是一个相反的状态，它指的是股价在运行的过程中，均线由原本的分散状态逐渐聚集收敛在一起的现象，表明市场内各个周期的均线平均成本趋于一致。

根据均线收敛的方向不同可以将其分为向上收敛和向下收敛。向上收敛指的是短期均线从下向上靠近中期、长期均线，最终出现相交的过程，通常出现在市场下跌后期构筑底部时，是下跌趋势即将结束的信号，投资者可以等待机会积极做多。

而均线向下收敛是指短期均线由上向下靠近中期、长期均线，最终出现相交的过程，通常出现在市场上涨末期顶部高位时，是高位见顶的信号，后市极有可能转入下跌的趋势之中。

实例分析

长江投资（600119）均线向上收敛运行

图 4-7 所示为长江投资 2020 年 11 月至 2021 年 4 月的 K 线走势。

从图 4-7 可以看到，长江投资股票的股价处于下跌行情之中，股价从 9.00 元价位线附近的相对高位向下跌落，跌势沉重，跌幅较大。2021 年 3 月，随着股价的进一步加速下跌，均线向下分散加速运行，短期均线、中期均线和长期均线之间的距离越来越远，说明市场处于极度弱势之中。

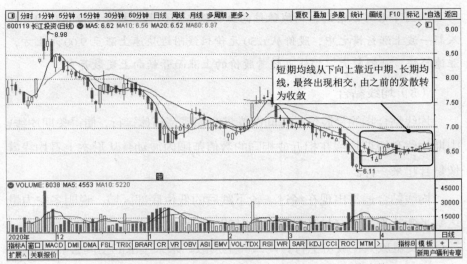

图 4-7 长江投资 2020 年 11 月至 2021 年 4 月的 K 线走势

2021 年 3 月下旬，股价创出 6.11 元的新低后止跌小幅回升，此时查看均线系统发现，短期均线从下向上靠近中期、长期均线，最终出现相交，由之前的发散转为收敛。说明长江投资股票的这一波下跌行情见底，后市即将迎来一波上涨行情，投资者可以在横盘时买进，也可以在成交量放大股价明显向上拉升时买进。

图 4-8 所示为长江投资 2021 年 3 月至 6 月的 K 线走势。

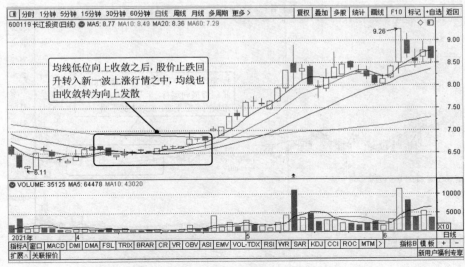

图 4-8 长江投资 2021 年 3 月至 6 月的 K 线走势

从图 4-8 可以看到，均线低位向上收敛之后，长江投资股价止跌回升转入新一波上涨行情之中，股价从 6.50 元价位线附近快速上涨至 9.00 元上方，涨速较快，涨幅较大，均线也随着股价的上涨而开始向上发散开来。

（3）均线黏合

均线黏合指的是股价长时间做横盘窄幅震荡箱体运行，使得长期均线、中期均线和短期均线在相近或相同的数值范围内波动，从形态上看均线就像黏合起来一样。

均线黏合通常出现在经过一轮下跌后的低位底部区域，说明多空力量达到平衡状态，但这种平衡只是暂时的，股价之后必然会选择运行方向，一旦成交量放大，股价上行，均线向上发散，未来上涨的空间会非常大。

对于短线投资者来说，需要回避低位盘整的走势，直到股价向上放量突破低位横盘平台之后，才可以大胆跟进。

实例分析
京基智农（000048）均线黏合运行

图 4-9 所示为京基智农 2021 年 6 月至 2022 年 1 月的 K 线走势。

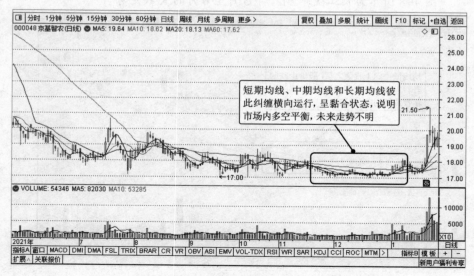

图 4-9　京基智农 2021 年 6 月至 2022 年 1 月的 K 线走势

从图 4-9 可以看到，京基智农股票经过一轮大幅下跌行情后，股价运行至 18.00 元价位线下方的相对低位处后跌势减缓，创出 17.00 元的新低后股价止跌，随后在 17.00 元至 18.00 元进行横盘窄幅波动运行。

此时查看均线发现，均线随着股价的横向运行呈黏合状态，短期均线、中期均线和长期均线彼此纠缠横向运行，说明场内的多空力量处于平衡状态，没有明显的优劣势之分，市场未来走势不明。

2022 年 1 月下旬，下方成交量放大，推动股价上涨，并有效打破多空之间的平衡状态，说明京基智农股票即将迎来一波大幅上涨行情，投资者此时可以积极买入跟进，持股待涨。

图 4-10 所示为京基智农 2021 年 11 月至 2022 年 2 月的 K 线走势。

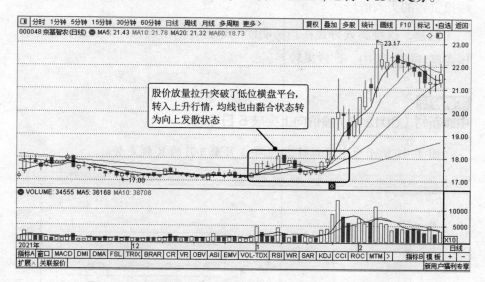

图 4-10　京基智农 2021 年 11 月至 2022 年 2 月的 K 线走势

从图 4-10 可以看到，该股放量上涨有效突破了低位横盘平台之后，京基智农股票迎来了一波快速向上拉升行情，多头发起上攻，股价快速向上攀升，最高上涨至 23.17 元，涨幅较大，均线也随着股价的上涨再次发散开来。

4.2　5日均线的短线操盘法

5日均线指的是5天收盘价的加权平均价，因为其计算的时间周期短，对市场的反应比较敏感，更能快速捕捉到市场中的一些细微变化，所以在短线操盘中被广泛应用。

4.2.1　股价向上突破5日均线

股价前期在5日均线下方运行，随后股价向上拉升，突破5日均线并站在了5日均线的上方，接着成交量放量配合，说明股价短期看涨，为短线投资者的买入信号。

但是，这种买入方式在趋势明朗的单边行情中可靠性更强，如果是在横盘整理的走势中，则效果较差。

实例分析

中旗新材（001212）股价向上突破5日均线

图4-11所示为中旗新材2022年3月至5月的K线走势。

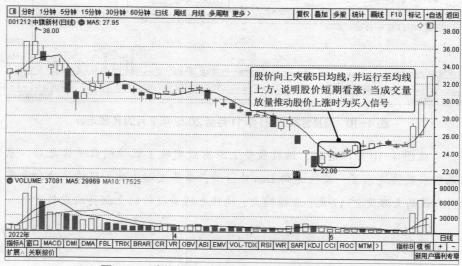

图4-11　中旗新材2022年3月至5月的K线走势

从图 4-11 可以看到，中旗新材处于下跌行情之中，股价从 38.00 元的相对高位处开始波动下行。在下行的过程中，股价基本上在 5 日均线下方运行，即便向上突破 5 日均线也很快跌回到 5 日均线下方，下方成交量表现缩量，说明市场处于极度弱势行情之中。

2022 年 4 月下旬，股价加速下跌，与 5 日均线的距离增大，在创出 22.08 元的新低后止跌，并向上突破 5 日均线，运行于 5 日均线上方。几个交易日后，下方成交量放量，带动股价进一步向上拉升。说明中旗新材的这一波下跌行情结束，场内多头聚集拉升股价，股价短期看涨，为投资者的买入信号，短线投资者可以在此位置积极跟进。

图 4-12 所示为中旗新材 2022 年 4 月至 6 月的 K 线走势。

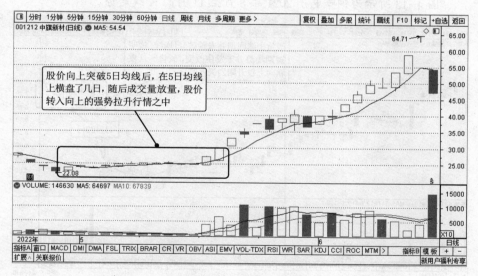

图 4-12　中旗新材 2022 年 4 月至 6 月的 K 线走势

从图 4-12 可以看到，股价向上突破 5 日均线后，在 5 日均线上横盘整理了几个交易日，接着成交量放量，中旗新材股票转入新一轮上涨行情之中，且上涨速度较快，涨幅较大，短短 1 个月左右的时间股价最高上涨至 64.71 元。

4.2.2　股价回落不破 5 日均线

个股处于上升通道之中，在 5 日均线上方运行，随着上涨加速，股价与 5 日均线的距离越来越远。为了更好地拉升股价，避免涨速过快，股价会回调，当股价回落至 5 日均线上企稳，不破 5 日均线后，当股价再次向上拉升时，则为短线投资者的买入点，该股短期看涨，后市将迎来一波上涨。

实例分析

铜峰电子（600237）股价回落不破 5 日均线

图 4-13 所示为铜峰电子 2021 年 8 月至 11 月的 K 线走势。

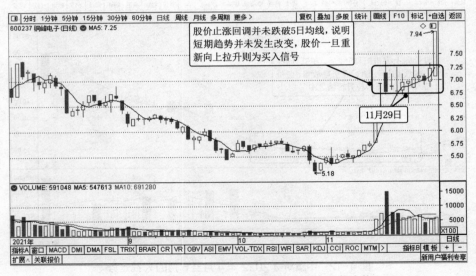

图 4-13　铜峰电子 2021 年 8 月至 11 月的 K 线走势

从图 4-13 可以看到，铜峰电子股票的股价前期处于下跌行情之中，股价波动下行重心不断下移。2021 年 10 月底，铜峰电子股票创出 5.81 元的新低后止跌回升，转入上升趋势之中。

股价自下而上穿过 5 日均线后，在 5 日均线的支撑下快速向上攀升。当股价上涨至 7.25 元上方后止涨回调，股价围绕 7.00 元价位线横盘整理。仔细观察发现，股价在止涨回调的过程中并未跌破 5 日均线，说明铜峰电子上涨的趋势并未发生改变。

2021 年 11 月 29 日，股价低开高走将价格拉升至 7.50 元上方，说明股价的上涨走势再次启动，此时短线投资者可以积极买入跟进，持股待涨。

图 4-14 所示为铜峰电子 2021 年 10 月至 12 月的 K 线走势。

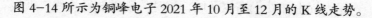
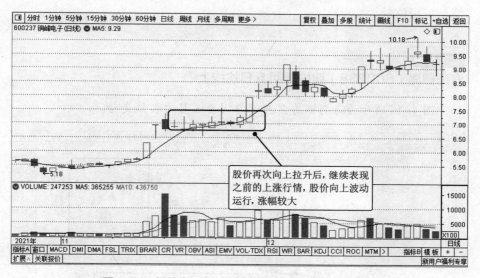

图 4-14　铜峰电子 2021 年 10 月至 12 月的 K 线走势

从图 4-14 可以看到，股价再次向上拉升后，铜峰电子继续之前的上涨行情，向上波动运行，最高上涨至 10.18 元，涨幅较大。对于短线投资者来说，买进后只要股价没有有效跌破 5 日均线，则说明短期趋势并未发生改变即可继续持有，一旦股价下行有效跌破 5 日均线，说明短期趋势发生改变，股价短期看跌，投资者应立即离场。

4.2.3　股价重回 5 日均线上方

个股处于上升通道之中，股价波动上行涨幅不大。当股价上涨至某一价位线后止涨回调，并跌破正在向上运行的 5 日均线，但是很快股价又重回 5 日均线上方，股价回调时成交量明显缩量。当股价放量拉升重回 5 日均线上方时为短线投资者的买入信号，说明个股短期看涨，后市即将迎来一波向上拉升行情。

需要注意的是，这里跌破 5 日均线要求股价上涨幅度不大，如果股价已经出现了一轮大幅上涨处于高位区域，这时的跌破 5 日均线，就极有可能是见顶信号。

实例分析
海南椰岛（600238）股价重回 5 日均线上

图 4-15 所示为海南椰岛 2021 年 3 月至 5 月的 K 线走势。

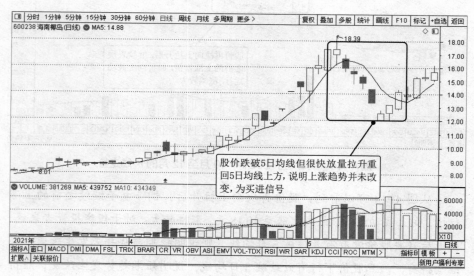

图 4-15　海南椰岛 2021 年 3 月至 5 月的 K 线走势

从图 4-15 可以看到，海南椰岛股票处于上升行情之中，股价在 5 日均线上方波动运行，涨势稳定。2021 年 5 月中旬，股价创出 18.39 元的新高后止涨回落。

股价自上而下跌破 5 日均线，运行至 5 日均线下方，下方成交量表现缩量。但此次下跌仅仅维持了 4 个交易日，该股便放量上涨，自下而上突破 5 日均线并重回 5 日均线上方，此时为短线投资者的买入机会，说明海南椰岛的上涨趋势并未发生改变，短期看涨，可以大胆跟进。

图 4-16 所示为海南椰岛 2021 年 3 月至 6 月的 K 线走势。

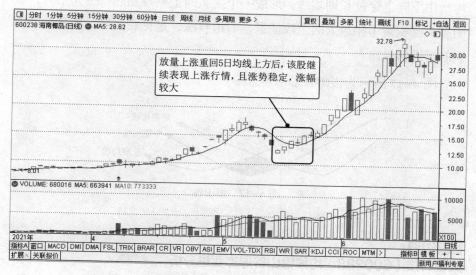

图 4-16 海南椰岛 2021 年 3 月至 6 月的 K 线走势

从图 4-16 可以看到，股价回到 5 日均线上方后，海南椰岛股票继续表现之前的上涨行情，股价在 5 日均线上方向上运行，涨势稳定，涨速较快，最高上涨到 32.78 元，涨幅较大。如果投资者可以在股价重回 5 日均线上方时积极跟进，则可以享受这一波涨幅收益。

4.3 抓住均线的特殊形态

均线系统中的多根均线在随着股价波动变化的过程中也会形成一些具有特殊市场意义的形态，通过对这些形态的了解和掌握，可以帮助短线投资者对当前的市场走势做一个清晰的判断，以便更好地抓住投资机会。

4.3.1 银山谷

均线银山谷形态出现在上涨初期，是由 3 根短、中、长期均线先后交叉组合而形成的一种形态。短期均线由下向上穿过中期和长期均线，中期均线由下向上穿过长期均线，形成一个尖头向上不规则的"三角形"，表明多头已积聚了相当大的上攻能量，后市看涨，是见底信号，也是一个典型的买进信号。

图 4-17 所示为银山谷形态示意图。

图 4-17　银山谷

实例分析

大恒科技（600288）均线银山谷形态买进分析

图 4-18 所示为大恒科技 2022 年 2 月至 5 月的 K 线走势。

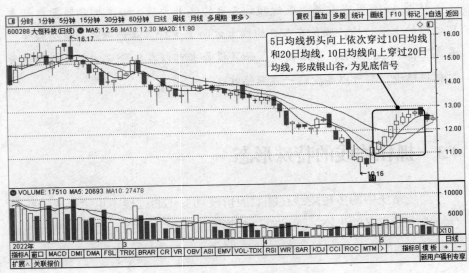

图 4-18　大恒科技 2022 年 2 月至 5 月的 K 线走势

从图 4-18 可以看到，大恒科技处于下跌通道之中，股价在均线下方震荡下行，重心不断下移。2022 年 4 月底，股价创出 10.16 元的新低后止跌回升，此时 5 日均线最先反应过来，立即拐头上行，并自下而上依次穿过 10 日均线和 20 日均线，接着 10 日均线也反应过来，拐头上行自下而上穿过走平的 20 日均线，均线形成了银山谷形态。

银山谷形态的出现，说明大恒科技的这一波下跌行情已经结束，空头动能释放完全，场内的多头力量开始聚集，后市即将迎来一波上涨行情，投资者可以在此位置积极跟进，持股待涨。

图 4-19 所示为大恒科技 2022 年 4 月至 7 月的 K 线走势。

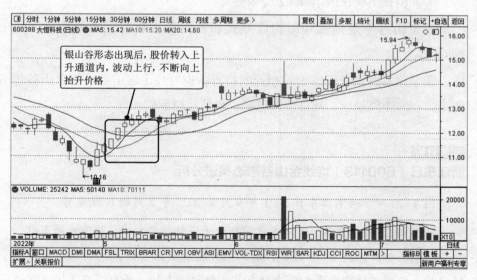

图 4-19 大恒科技 2022 年 4 月至 7 月的 K 线走势

从图 4-19 可以看到，银山谷形态出现后，大恒科技股票转入上升通道内，表现上涨行情，股价在均线上方波动上行，不断向上抬升股价，股价涨势稳定，涨幅较大。可见，银山谷形态为比较准确的底部转势信号，投资者利用它即可发现底部。

4.3.2　金山谷

金山谷出现在银山谷之后，即股价前期经历了一段时间的上涨后，止涨回落，然后再次上涨，于是又出现短期均线由下向上穿过中期和长期均线，中期均线由下向上穿过长期均线的现象，再次形成一个尖头向上不规则的"三角形"，这个在银山谷后面出现的第二个山谷，叫作金山谷。金山谷出现表明主力向上攻击的意愿较为强烈，所以后市股价向上快速拉升的可能性较大，为可靠的买入信号。

金山谷的形态特征包括以下 3 点：

①金山谷出现在银山谷之后。

②金山谷不规则三角形构成方式和银山谷不规则三角形构成方式相同。

③金山谷既可处于银山谷相近的位置，也可高于银山谷。但金山谷距离银山谷的距离越远，并且位置越高，则信号越准确。

实例分析
浙江东日（600113）均线金山谷形态买进分析

图 4-20 所示为浙江东日 2021 年 9 月至 2022 年 2 月的 K 线走势。

从图 4-20 可以看到，浙江东日前期处于下跌趋势之中，股价波动下行，重心不断下移。2021 年 10 月底，浙江东日股票创出 5.49 元的新低后止跌小幅回升，此时 5 日均线率先反应过来，立即拐头上行，并自下而上依次穿过 10 日均线和 20 日均线，接着 10 日均线反应过来，拐头上行自下而上穿过走平的 20 日均线，形成银山谷形态。

银山谷形态出现后，浙江东日股票结束下跌，转入新一轮上升行情之中，股价震荡上行不断创出新高。2022 年 1 月初，股价上涨至 7.00 元价位线附近后止涨回落，当股价回落至 6.25 元价位线附近后止跌再次上冲，此时 5 日均线立即拐头上行，并自下而上依次穿过 10 日均线和 20 日均线，接着 10 日均线反应过来，拐头上行自下而上穿过走平的 20 日均线，形成金山谷形态。

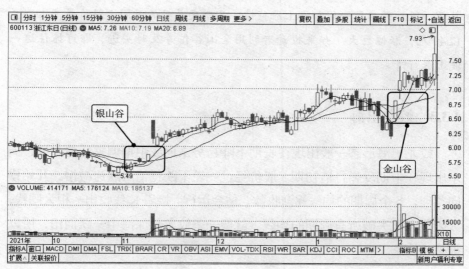

图 4-20　浙江东日 2021 年 9 月至 2022 年 2 月的 K 线走势

金山谷形态的出现，说明场内主力上攻意愿强烈，后市极有可能迎来一波加速上涨行情，投资者可以大胆买进，及时跟进。

图 4-21 所示为浙江东日 2022 年 1 月至 3 月的 K 线走势。

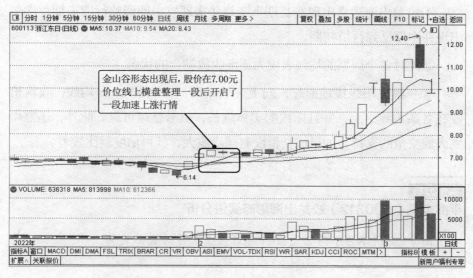

图 4-21　浙江东日 2022 年 1 月至 3 月的 K 线走势

从图 4-21 可以看到，金山谷形态出现后，股价在 7.00 元价位线上横盘整理一段后开启了一段加速上涨行情，几个交易日的时间，股价最高上涨至 12.40 元，涨幅巨大。如果投资者利用金山谷信号及时买进，即可抓住这一波上涨行情。

4.3.3 蛟龙出海

蛟龙出海形态一般出现在长期下降趋势末期或中期调整行情末期，偶尔出现在中期反弹行情初期。股价经过一轮下跌行情后跌速减慢，开始横向整理，各个周期的均线逐渐收敛、黏合运行。接着 K 线收出一根大阳线，大阳线向上突破所有周期的均线。就像一条蛟龙从深海中一跃而出，所以被称为蛟龙出海。

蛟龙出海形态的出现表明经过前期的横盘整理蓄势，股价终于爆发了，预示着股价将大幅上扬。投资者见此形态可果断介入，否则将错过一轮大涨行情。

根据上述可知，蛟龙出海形态具备如下 3 点特征：

①蛟龙出海通常出现在长期下降趋势末期或中期调整行情末期，偶尔出现在中期反弹行情初期。

②此时各个周期的均线表现为逐渐收敛黏合的状态。

③一根大阳线拔地而起，向上突破 5 日、10 日和 20 日均线，收盘价收在各条均线之上，并且阳线的实体越长，信号就越可靠。此外，还需得到大成交量的支持，如果成交量没有同步放大，其可信度就比较差。

实例分析
平高电气（600312）蛟龙出海形态买进分析

图 4-22 所示为平高电气 2021 年 3 月至 7 月的 K 线走势。

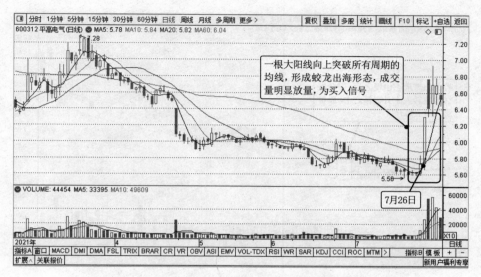

一根大阳线向上突破所有周期的均线，形成蛟龙出海形态，成交量明显放量，为买入信号

7月26日

图 4-22　平高电气 2021 年 3 月至 7 月的 K 线走势

从图 4-22 可以看到，平高电气股票的股价处于下跌趋势之中，股价从 7.20 元上方的相对高位处向下快速滑落。2021 年 4 月底，股价下行至 6.00 元价位线附近后，跌势减缓，不同周期的均线逐渐收敛，黏合在一起，随后股价继续向下缓慢下行。

2021 年 7 月中旬，股价创出 5.56 元的新低后止跌横盘，接着 7 月 26 日 K 线收出一根大阳线，且大阳线向上突破所有周期的均线，形成蛟龙出海形态，下方成交量明显放量，说明平高电气的这一波下跌行情结束，后市即将转入上升行情之中，投资者可以在此位置积极买进，持股待涨。

图 4-23 所示为平高电气 2021 年 7 月至 9 月的 K 线走势。

从图 4-23 可以看到，蛟龙出海形态出现之后，平高电气股票转入上升行情之中，股价震荡向上，下方成交量放大，股价最高上涨至 10.12 元，涨幅较大。投资者利用蛟龙出海形态发出的买入信号积极买进，即可获得一番不错的投资回报。

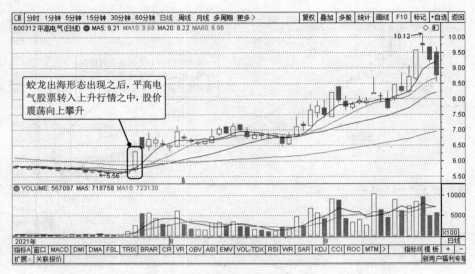

图 4-23　平高电气 2021 年 7 月至 9 月的 K 线走势

4.3.4　烘云托月

　　烘云托月是由 3 条不同周期的均线组合而成，通常出现在股价完成大级别底部之后，上升趋势途中的横盘整理区间，此时短期均线和中期均线几乎黏合在一起，而长期均线始终在中、短期均线的下方，并且始终与中、短期均线保持一定的距离。由于长期均线犹如一个托盘始终向上托着中、短期均线横向运行或缓慢震荡向上，所以将这种均线组合图形称之为烘云托月。

　　烘云托月形态为做多信号，它的出现暗示着有主力资金入场，后市必然会迎来一波拉升行情。此外，烘云托月维持的时间越长，后市上涨的空间就越大。

实例分析

嘉化能源（600273）烘云托月形态买进分析

　　图 4-24 所示为嘉化能源 2021 年 6 月至 9 月的 K 线走势。

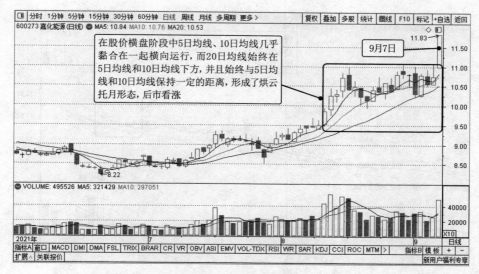

图 4-24 嘉化能源 2021 年 6 月至 9 月的 K 线走势

从图 4-24 可以看到,嘉化能源股票前期经过一轮下跌行情后运行至 8.50 元价位线下方的低位区域,在创出 8.22 元的新低后止跌回升转入上升通道之中,股价震荡上行,重心不断上移。

2021 年 8 月中旬,股价上涨至 11.00 元价位线附近后止涨,并在 10.50 元至 11.00 元进行横盘窄幅波动。与此同时查看均线系统发现,在股价横盘阶段中 5 日均线、10 日均线几乎黏合在一起横向运行,而 20 日均线始终在 5 日均线和 10 日均线下方,并且始终与 5 日均线和 10 日均线保持一定的距离,犹如一个托盘始终向上托着 5 日均线和 10 日均线横向运行,形成烘云托月形态。

烘云托月形态的出现说明场内有主力入场,为了后市更好地拉升而调整涨势,清理场内浮筹,一旦整理结束,后市必然会重新大幅向上拉升。2021 年 9 月 7 日,股价高开高走,K 线收出一根涨停大阳线,向上有效突破整理平台,下方成交量放大,说明股价整理结束,继续表现上冲,短线投资者可以在此位置积极买进,持股待涨。

图 4-25 所示为嘉化能源 2021 年 7 月至 9 月的 K 线走势。

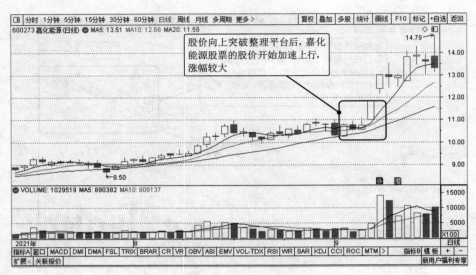

图4-25　嘉化能源2021年7月至9月的K线走势

从图4-25可以看到，股价向上突破整理平台后，嘉化能源股票的股价开始向上加速上行，短短几个交易日的时间就上涨至14.00元价位线上方，涨幅较大。如果短线投资者能够及时跟进可获得丰厚的投资回报。

4.3.5　高山滑雪

高山滑雪形态又常常被称为均线加速下跌，通常出现在长期下降趋势中，少数出现在长期上升趋势的中期调整行情中。高山滑雪是指股价在下跌过程中越跌越快，均线也随之空头发散，就像顺山坡飞驰而下的滑雪运动员，所以被称为高山滑雪。

高山滑雪形态具备的技术特征如下：

①大多出现在长期下降趋势中，少数出现在长期上升趋势的中期调整行情中。

②加速下跌前，股价及均线呈缓慢下跌或匀速下跌状态。

③随着股价越跌越快，均线呈现向下空头发散。

高山滑雪形态是一个见底信号，股价加速下跌，将场内的空头动能释放完全，使得股价跌无可跌形成底部，一旦股票放量上涨，向上突破均线就是投资者的买入信号，说明新一轮上升行情开启。

在利用高山滑雪形态做技术分析时还要注意以下 3 点。

①均线走出高山滑雪形态之前，股价下跌的幅度越大，见底信号就越可靠。

②高山滑雪下跌的幅度越大，持续的时间越久，见底信号就越可靠。

③高山滑雪形态大都出现在阶段性底部，也就是中期反弹行情的底部，是逐浪下降形态中的跌势最为急速的一段。

实例分析
中国中期（000996）高山滑雪形态买进分析

图 4-26 所示为中国中期 2022 年 1 月至 5 月的 K 线走势。

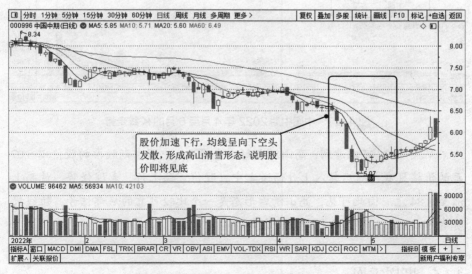

图 4-26　中国中期 2022 年 1 月至 5 月的 K 线走势

从图 4-26 可以看到，中国中期股票处于下跌行情之中，股价从相对高位处不断向下波动。2022年4月中旬股价突然加速下跌，随着股价越跌越快，不同周期的均线呈现向下空头发散，形成高山滑雪形态。

高山滑雪形态是一个典型的底部形态，说明中国中期股票这一轮下跌行情即将见底。2022年4月底，股价下行至5.50元价位线下方创出5.07元的新低后止跌回升，且自下而上穿过5日均线，说明中国中期股票的下跌行情结束，短期看涨，短线投资者可以在此位置积极买进。

图4-27所示为中国中期2022年4月至6月的K线走势。

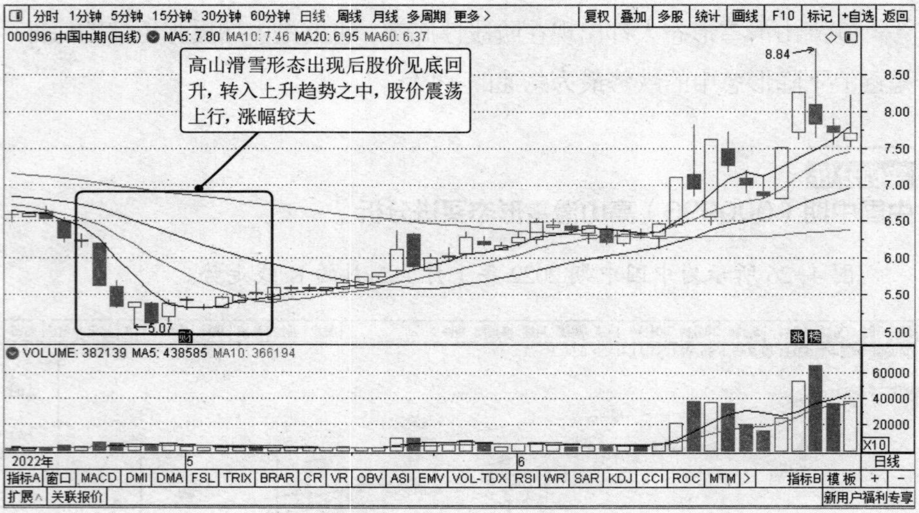

图4-27　中国中期2022年4月至6月的K线走势

从图4-27可以看到，高山滑雪形态出现后，中国中期股票的股价以5.07元的价格见底，随后转入上升通道之中，股价震荡上行，表现强势，最高上涨至8.84元。由此可见，高山滑雪形态是一个比较可靠的底部信号，短线投资者可以利用该形态来判断股价底部。

4.3.6　断崖雪崩

断崖雪崩与高山滑雪有点儿类似，它通常也出现在长期下降趋势中，少数出现在长期上升趋势的中期调整行情中。股价前期走势平缓，突然出现暴跌行情，使得 5 日、10 日和 20 日均线快速下滑，向下空头发散。因为股价下跌的势头过快、过猛，就像悬崖峭壁上的雪崩一样喷泻而下，所以称为断崖雪崩。

断崖雪崩具有如下技术特征：

①大多出现在长期下降趋势中，少数出现在长期上升趋势的中期调整行情中。

②股价短期内暴跌。

③均线向下空头发散。

断崖雪崩是空头占据绝对优势，以雷霆之势打压多头，而多头毫无反击之力。断崖雪崩是股价见底信号，当多方被赶尽杀绝时，在市场趋势力量的作用下，空方内部也会开始分化，与多方残余一起反击，预示股价有可能弹升。但是股价触底反弹后，继续下跌的概率很大，所以投资者抢短线要注意轻仓。

实例分析
国际医学（000516）断崖雪崩形态分析

图 4-28 所示为国际医学 2021 年 7 月至 2022 年 2 月的 K 线走势。

从图 4-28 可以看到，国际医学处于下跌趋势之中，股价在均线下方逐浪下跌，重心不断下移。2021 年 9 月上旬，当股价跌至 10.00 元价位线附近后止跌小幅回升，随后在 12.00 元至 11.00 元进行横盘窄幅波动。

2022 年 1 月初，股价突然向下暴跌，K 线连续收出下跌阴线和一字跌停线，使得股价向下大幅下跌，5 日、10 日、20 日和 60 日均线快速下滑，向下空头发散，形成断崖雪崩形态。

断崖雪崩形态的出现，说明场内空头动能占据绝对优势，多头无力还击，当股价跌势减缓，则预示空头动能释放完全，底部来临，后市即将迎来一波上涨。

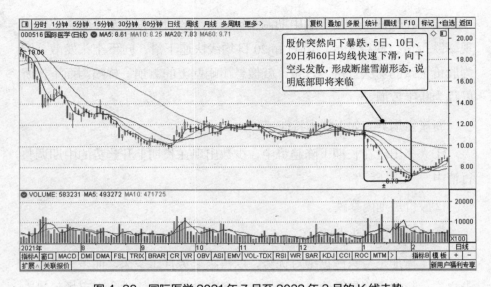

图 4-28　国际医学 2021 年 7 月至 2022 年 2 月的 K 线走势

图 4-29 所示为国际医学 2021 年 12 月至 2022 年 6 月的 K 线走势。

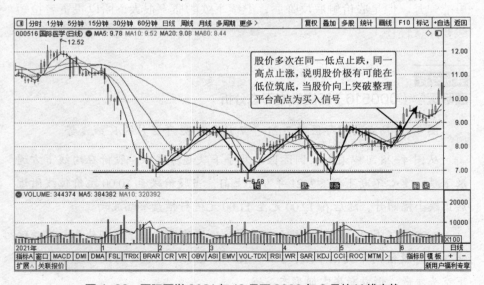

图 4-29　国际医学 2021 年 12 月至 2022 年 6 月的 K 线走势

从图 4-29 可以看到，股价短期内出现了暴跌，股价跌至 7.00 元价位线附近后止跌反弹，回升至 9.00 元价位线附近后止涨回落，股价再次跌至 7.00 元价位线附近止跌回升，接着股价上涨至前期高点 9.00 元价位线附近时再次止涨回落。通过连续的回落反弹，股价多次在同一低点止跌，同一高点止涨，说明股价极有可能在该低位区域筑底，一旦筑底完成将开启向上拉升行情。

2022 年 6 月上旬，K 线连续收阳，使得股价上行并突破 9.00 元价位线，说明股价拉升在即，短线投资者可以大胆买进，持股待涨。

图 4-30 所示为国际医学 2022 年 1 月至 7 月的 K 线走势。

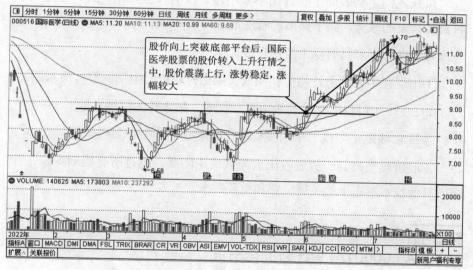

图 4-30　国际医学 2022 年 1 月至 7 月的 K 线走势

从图 4-30 可以看到，股价向上突破底部平台后，国际医学股票的股价转入上升行情之中，股价震荡上行，涨势稳定，涨幅较大。如果投资者前期能够果断入场，必然可以抓住这一波涨幅收益。

由此可见，断崖雪崩形态可以帮助投资者更为准确地判断股价底部，进而找到合适的入场机会。

4.3.7　鱼跃龙门

鱼跃龙门指的是股价先经过连续的下跌后出现拐头上行的迹象，此时5日、10日和20日均线也同步出现拐头向上的迹象，某一交易日股价上涨至20日均线附近时，直接跳空高开越过20日均线，并最终收于20日均线之上，同时突破其他技术形态的关键位置和重要关卡。这种走势就像一条溯流而上的鲤鱼，在最后关头奋起一跳，凌空跃过龙门，所以被称为鱼跃龙门。

鱼跃龙门走势表面上看行情不紧不慢，没有什么特别之处，但是有一种蓄势待发的气势，属于典型的看涨形态。

鱼跃龙门形态具有以下技术特征：

①出现在中长期上升趋势初期或长期上升趋势的中期调整行情末期。

②5日、10日和20日均线由逐渐收敛、黏合转为缓慢发散。

③日K线以小阳线、小阴线稳步缓慢攀升，其中小阳线居多。

④股价跳空高开，放量收出大阳线或中阳线，越过所有周期均线，并突破其他技术形态上的关键位置和重要关卡。

实例分析

深中华Ａ（000017）鱼跃龙门形态分析

图4-31所示为深中华Ａ 2022年2月至6月的Ｋ线走势。

从图4-31可以看到，深中华Ａ前期处于下跌趋势之中，股价经过一轮下跌行情之后运行至2.60元价位线的低位区域，在创出2.56元的新低后止跌回升，股价波动上行，此时5日、10日和20日均线也同步拐头向上运行。

2022年5月中旬，股价上涨至3.80元价位线附近后止涨，随后股价在3.20元至3.80元进行横盘窄幅波动，此时5日均线和10日均线相互缠绕黏合横向运行，并运行至20日均线附近。6月15日，股价向上跳空高开高走，Ｋ线收出一根涨停阳线，直接跳空向上越过20日均线，并最终收于20日均线之上，形成鱼跃龙门形态。

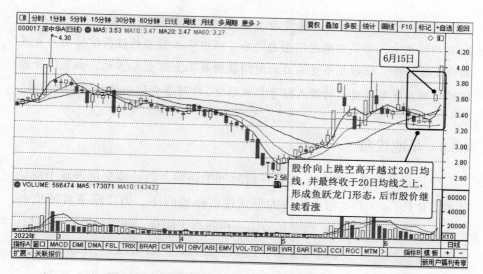

图 4-31 深中华 A 2022 年 2 月至 6 月的 K 线走势

接着，第二天股价继续放量上行，并有效突破 3.80 元阻力位，5 日均线和 10 日均线也出现上行迹象，说明场内有主力资金入场，后市股价将加速上行，短线投资者可以在此位置积极买进。

图 4-32 所示为深中华 A 2022 年 4 月至 6 月的 K 线走势。

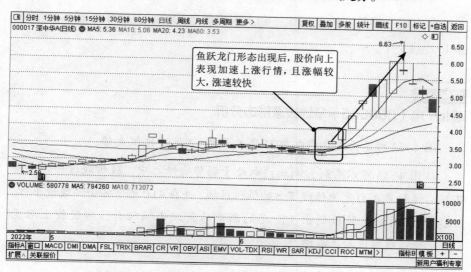

图 4-32 深中华 A 2022 年 4 月至 6 月的 K 线走势

从图 4-32 可以看到，股价向上跳空高开越过 20 日均线，并最终收于 20 日均线之上，形成鱼跃龙门形态之后，深中华 A 股票的股价继续向上表现加速上涨行情，短短几个交易日的时间股价最高上涨至 6.63 元。如果投资者能够利用鱼跃龙门发出的买入信号积极跟进，即可享受这一波加速上涨收益。

4.3.8 旱地拔葱

旱地拔葱形态是指股价经过一段时间的调整之后，成交量表现出持续萎靡，K 线以小阴线和小阳线的形式逐渐持续向下，但实际下跌幅度并不大。随着股价回暖，K 线突然收出一根跳空大阳线，使得股价拔地而起，脱离盘整区间，并一举越过 5 日、10 日及 20 日均线，开启上升趋势。

旱地拔葱走势是比较典型的看涨形态，表明市场经过长期酝酿蓄力，多方以绝对优势发起的一次总攻，后续股价上涨的潜力极大。

旱地拔葱形态主要具备以下技术特征：

①大多出现在下跌趋势的末期，或者中期调整的末期。

②股价开始横盘或者略向下移动，成交量较为惨淡。

③出现一根跳空的大阳线，向上脱离整理形态，且收于 5 日、10 日及 20 日均线之上。

实例分析
湖北广电（000665）旱地拔葱形态分析

图 4-33 所示为湖北广电 2021 年 6 月至 12 月的 K 线走势。

从图 4-33 可以看到，湖北广电处于弱势行情之中，股价经过一轮大幅下跌后运行至 4.00 元价位线下方的低位区域，并在 4.00 元下方小幅缓慢下行。2021 年 11 月初，股价创出 3.17 元的新低后止跌小幅回升，当股价上涨至 3.75 元价位线附近后止涨横盘。

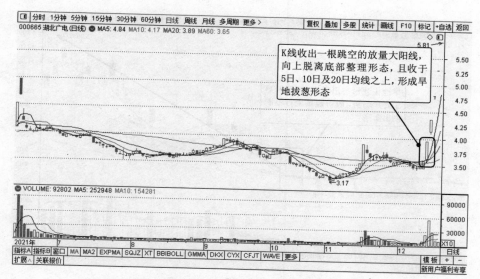

图 4-33　湖北广电 2021 年 6 月至 12 月的 K 线走势

在股价表现横盘走势的过程中，5 日均线、10 日均线和 20 日均线逐渐收敛。2021 年 12 月 13 日，K 线收出一根跳空的放量大阳线，向上突破横盘整理平台，并且收于 5 日、10 日及 20 日均线之上，形成典型的旱地拔葱形态。

旱地拔葱形态的出现表明市场经过长期的下跌，场内空头动能已经释放完全，多方以绝对优势发起一次总攻，后续股价上涨的潜力极大，投资者可以在此位置积极买入跟进。

图 4-34 所示为湖北广电 2021 年 11 月至 2022 年 1 月的 K 线走势。

从图 4-34 可以看到，旱地拔葱形态出现后，湖北广电的股价开启了上升趋势，股价震荡上行不断创出新高，涨速极快，涨幅较大，K 线连续涨停，股价最高上涨至 13.00 元。

由此可见，旱地拔葱是比较可靠的看涨信号，投资者在发现旱地拔葱形态时应结合实际走势，果断入场。

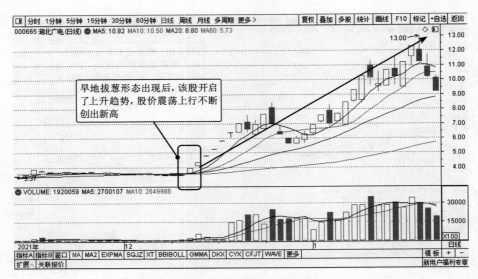

旱地拔葱形态出现后，该股开启了上升趋势，股价震荡上行不断创出新高

图4-34　湖北广电2021年11月至2022年1月的K线走势

4.3.9　金蜘蛛

金蜘蛛均线形态指的是5日、10日和20日均线黄金交叉于一点，股价站在交叉点之上。金蜘蛛要求至少有两条均线金叉，若是普通交叉或是死亡交叉那就构不成金蜘蛛。因为是黄金交叉，所以该形态为看涨形态，是买入信号。又因为该形态外形看起来像一只蜘蛛，所以被称为金蜘蛛。

传统意义上的金蜘蛛是4条均线黄金交叉于一点，因为蜘蛛有8条腿。4线交叉的金蜘蛛，常见的均线组合有5日、10日、20日和30日均线组合；5日、8日、13日和21日均线组合；5日、13日、21日和34日均线组合。无论是哪一种组合，都必须有两条均线是黄金交叉，否则就不是金蜘蛛形态。

金蜘蛛均线形态的技术特征主要包括以下几点：

①4条价格平均线是指5日、10日、20日、30日均线，在同一天会聚于一点，发散向上，形态神似向上伸开的8条蜘蛛腿。

②由 4 条价格平均线自上而下，并扭转向上所形成的结点，该结点朝未来水平方向形成辐射带，对未来股价有支撑作用。

③上述形态发生前，股价经历过一个平台横盘整理后，某天股价突然放量拉升，4 条均线被这一根阳线贯穿，金蜘蛛形态就此确立。

实例分析

西藏矿业（000762）金蜘蛛形态分析

图 4-35 所示为西藏矿业 2021 年 1 月至 5 月的 K 线走势。

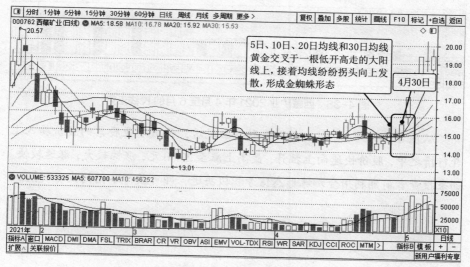

图 4-35　西藏矿业 2021 年 1 月至 5 月的 K 线走势

从图 4-35 可以看到，西藏矿业经过一波上涨后运行至 20.00 元上方，随后股价止涨回落，当股价跌至 14.00 元价位线附近时止跌，并在 14.00 元至 16.00 元进行横盘窄幅波动。均线在股价横盘的过程中逐渐收敛黏合，横向运行。

2021 年 4 月 30 日，5 日、10 日、20 日均线和 30 日均线黄金交叉于一根低开高走的大阳线上，接着均线纷纷拐头向上发散，形成金蜘蛛形态，说明场内多头聚集，后市看涨，为强烈的买入信号。

图 4-36 所示为西藏矿业 2021 年 4 月至 6 月的 K 线走势。

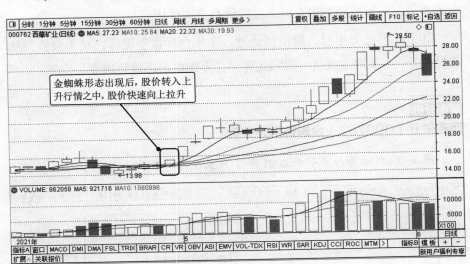

图 4-36　西藏矿业 2021 年 4 月至 6 月的 K 线走势

从图 4-36 可以看到，金蜘蛛形态出现后，西藏矿业股票的股价转入上升行情之中，股价快速向上拉升，最高上涨至 29.50 元，涨幅较大，涨速较快。如果投资者前期利用金蜘蛛形态信号积极买进，即可获得不错的投资回报。

第5章

透过成交量变化找买入点

▶ ▶ ▶

　　股票成交量是一个单位时间内成交的股票总手数，它也是股市投资分析中的重要技术指标，股票成交量的变化不但对股价走势具有决定性的影响，还会直接影响到投资者的投资交易策略，以及对股价后市走向的分析判断。因而，每一位短线投资者都有必要了解并掌握成交量变化，从而找到合适的投资买进机会。

5.1 成交量形态变化判断股价上涨

成交量在随着股价上涨、下跌变化的过程中，也会产生多种形态变化，如放量、缩量、均量、天量、地量及堆量等。在股价不同的运行位置中，不同的成交量形态具有不同的指示意义，投资者可以试着从成交量的形态变化中找到股价上涨的信号，进而找到投资机会。

5.1.1 低位温和放量

低位温和放量指的是股价经过一轮大幅长期下跌行情后，运行至低位区域，且成交量萎缩至一定程度。随后成交量开始出现温和放量，即量柱顶点连线呈平滑的抛物线形上升，且连线没有剧烈的拐点，此时，股价也随之企稳回升。

在股价经过一段下跌行情后的底部出现这种温和放量的走势，说明个股股价逐步摆脱了下跌的趋势，市场中的做多热情被逐步激发出来，后市极有可能迎来一波大幅上涨行情。一旦出现这种情形，就是短线投资者介入的有利时机。

在利用成交量低位温和放量做买入分析时要注意以下几点：

①在温和放量现象出现之前，股价必须经历了一波较长的下跌行情，且成交量萎缩至一定程度，说明场内的空头动能已经释放完全，股价继续下跌的可能性较低。

②股价前期经历的下跌时间越长，产生的跌幅越大，那么行情发生反转的可能性也就越大，股价未来上涨的力度也就越大。

③在成交量温和放量的过程中股价逐渐止跌企稳，甚至有时出现回升迹象。

实例分析

许继电气（000400）成交量低位温和放量买进分析

图 5-1 所示为许继电气 2021 年 4 月至 8 月的 K 线走势。

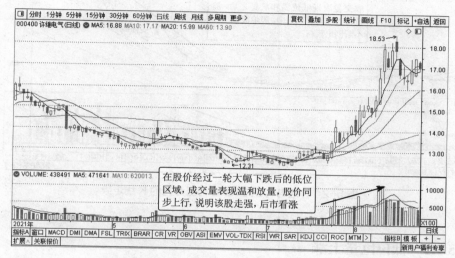

图 5-1　许继电气 2021 年 4 月至 8 月的 K 线走势

从图 5-1 可以看到，许继电气前期经历了一轮大幅下跌行情，股价从相对高位处跌落至 13.00 元价位线下方的低位区域，创出 12.31 元的新低后止跌，并在 12.50 至 13.00 元进行横盘窄幅波动，下方成交量表现极度缩量。

2021 年 7 月下旬，下方成交量开始放量，量柱顶点连线呈平滑的抛物线形上升，且连线没有剧烈的拐点，此时，股价也随之企稳回升。说明经过前期的大幅下跌行情，场内的空头动能已经释放完全，市场中的做多热情被逐步地激发出来，多头力量聚集，后市极有可能迎来一波大幅上涨行情，投资者可以趁股价止涨回调时积极买入跟进。

图 5-2 所示为许继电气 2021 年 5 月至 9 月的 K 线走势。

从图 5-2 可以看到，成交量表现低位温和放量之后，许继电气股票的股价转入上升趋势之中，股价波动上行不断创出新高。短线投资者如果在发现成交量温和放量信号后，在股价回调低位买进，几个交易日的时间便可享受到股价快速大幅上涨的收益。

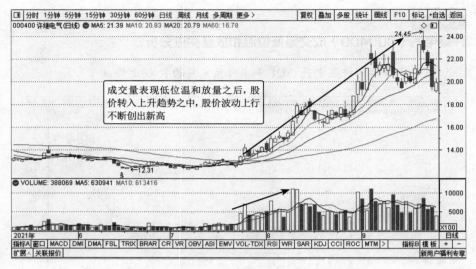

图5-2 许继电气2021年5月至9月的K线走势

5.1.2 低位巨量上涨

低位巨量上涨指的是股价经过一轮下跌行情运行至低位区域，下方成交量表现缩量，突然成交量放出巨量股价上涨。与前面多个交易日相比，成交量有明显放大。

这样的现象说明股票有主力资金关注，或者是主力已经充分吸筹，场内的多头逐渐主导市场，该股的这一波下跌行情或横盘整理行情即将结束，后市即将转入上涨趋势之中，或是迎来一波反弹行情，这就需要结合放量上涨时的位置进行分析。

如果股价低位放巨量拉升，向上突破了关键阻力位，则极有可能个股股价转入上升趋势之中，将迎来一波大幅上涨行情；如果股价低位放量拉升时，距离上方各移动平均线阻力位较远，则等到股价上涨至压力位附近时极有可能止涨回调。因此，投资者可以在股价低位放巨量拉升时适当买进。

实例分析

中国医药（600056）成交量低位巨量上涨分析

图 5-3 所示为中国医药 2021 年 7 月至 2022 年 3 月的 K 线走势。

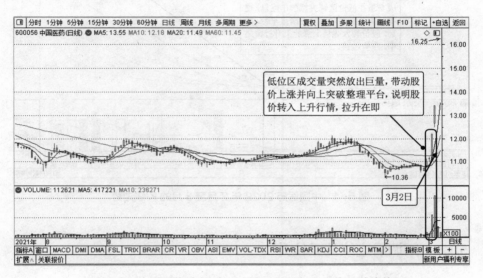

图 5-3　中国医药 2021 年 7 月至 2022 年 3 月的 K 线走势

从图 5-3 可以看到，中国医药股票前期经历一轮大幅下跌行情后，股价下行至 11.00 元价位线附近止跌，随后股价在 11.00 元至 12.00 元进行横盘窄幅波动，下方成交量表现极度缩量，说明市场处于弱势之中。

2022 年 3 月 2 日，下方成交量突然放出巨量，使得股价盘中直线拉升，最终 K 线收出一根涨停大阳线，并向上突破 12.00 元价位线横盘整理平台，说明场内有主力资金入场拉升股价，多头占据绝对优势，后市即将迎来一波大幅上涨行情，投资者可以积极跟进。

图 5-4 所示为中国医药 2022 年 2 月至 3 月的 K 线走势。

从图 5-4 可以看到，成交量在低位区域突然放出巨量，使得股价上涨并向上突破横盘平台后，中国医药股价转入强势上涨的上升行情之中，K 线连续涨停，仅仅十几个交易日的时间股价就从 10.00 元价位线附近上涨至最高 38.50 元，涨幅巨大，涨速极快。

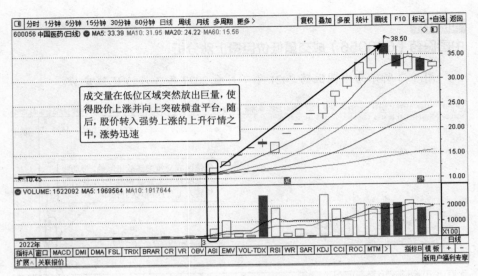

成交量在低位区域突然放出巨量，使得股价上涨并向上突破横盘平台，随后，股价转入强势上涨的上升行情之中，涨势迅速

图5-4　中国医药2022年2月至3月的K线走势

5.1.3　回调后连续放量拉升

股价的上涨从来都不是一气呵成的，而是波动上行，震荡变化的。因此，即便是在上升阶段中，股价也极有可能出止涨回调的现象。但是，投资者不用惧怕回调，相反地，短线投资者只要利用好回调就能够抓住后市的一波加速上涨行情。而回调后连续放量拉升就是一个准确的看涨信号，也是投资者的买入信号，说明股价的整理结束，即将迎来新一波上涨。

此时，对于短线投资者来说，需要注意以下两点：

①在股价回调的低位，当股价大幅拉升，成交量明显放大时就显示了看涨信号，此时激进的投资者可以买入股票。

②在股价回调的低位，股价的拉升量能放大，稳健的投资者不宜快速进入，应该等到股价突破前期高点并回踩之后再买入，此时风险更低，获胜的概率也更大。

实例分析

天房发展（600322）股价回调后连续放量拉升分析

图 5-5 所示为天房发展 2021 年 11 月至 2022 年 3 月的 K 线走势。

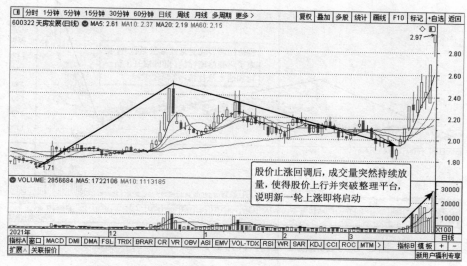

股价止涨回调后，成交量突然持续放量，使得股价上行并突破整理平台，说明新一轮上涨即将启动

图 5-5　天房发展 2021 年 11 月至 2022 年 3 月的 K 线走势

从图 5-5 可以看到，天房发展前期经过一番下跌行情后运行至 1.80 元价位线下方的低位区域。11 月上旬，股价在创出 1.71 元的新低后止跌回升，转入上升行情之中。

2021 年 12 月下旬，股价上涨至 2.40 元价位线附近后止涨回调，随后在 2.00 元至 2.20 元价位线上下横盘窄幅波动运行。2022 年 3 月下旬，下方的成交量突然连续放量，使得股价上涨并有效向上突破 2.20 元横盘平台，说明天房发展股票的这一波整理行情结束，股价即将开启新一轮大幅上涨行情，投资者可以在此位置积极买进介入。

图 5-6 所示为天房发展 2021 年 11 月至 2022 年 4 月的 K 线走势。

从图 5-6 可以看到，股价回调后成交量连续放量拉升，结束了天房发展股票的回调整理行情，随即展开了新一轮加速上涨行情，短短十几个交易日的时间，股价从 2.00 元价位线附近上涨至最高 3.80 元，涨速较快，涨幅较大。

如果投资者前期可以在股价回调后，成交量连续放量拉升时买进，即可获得丰厚的投资回报。

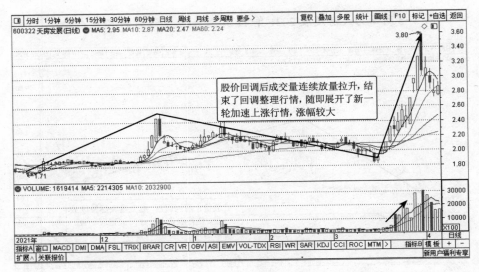

图 5-6　天房发展 2021 年 11 月至 2022 年 4 月的 K 线走势

5.1.4　高位滞涨缩量

缩量滞涨指的是个股成交量与前几个交易日相比较，表现为不断减少，而个股的股价波动变化却不是很大。当缩量滞涨出现在不同的股价运行位置时，其所代表的含义是不同的。

如果在股价经过一番上涨的相对高位区域出现缩量滞涨，则很有可能是主力在清理浮筹。即在个股上涨过程中，该股中的散户较多，为了洗掉股票中持股不坚定的散户投资者，减轻个股后期上涨的压力，主力会利用手中的筹码优势，做一个缩量滞涨的图形，引发市场上的散户恐慌，从而抛出手中的股票，达到清理浮筹的目的。一旦多余浮筹被清理殆尽，股价便会继续表现之前的上涨行情，投资者可以在股价继续上行时买进。

如果在个股低位出现缩量滞涨的情况，则可能是个股在经过长期下跌过程中，空方力量经过前期的打压，能量也消耗不少，但是市场上的投资者观望情绪较高。

实例分析

江苏银行（600919）高位滞涨缩量分析

图 5-7 所示为江苏银行 2021 年 1 月至 5 月的 K 线走势。

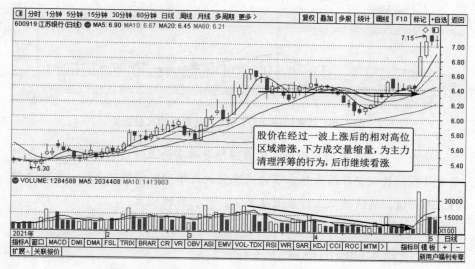

图 5-7　江苏银行 2021 年 1 月至 5 月的 K 线走势

从图 5-7 可以看到，江苏银行股票处于上升行情之中，股价从 5.30 元的低位区域开始向上波动运行，涨势稳定。2021 年 3 月中旬，股价上涨至 6.60 元价位线附近后滞涨，随后围绕 6.40 元价位线上下横盘波动运行，下方成交量表现缩量，此时股价涨幅超 20%。

经过一番上涨后的相对高位区域出现滞涨缩量，极有可能是主力的洗盘行为，目的在于清理场内意志不坚定的浮筹，以便后市更好地拉升。2021 年 4 月底，下方成交量放大，上方股价高开高走，说明主力清理浮筹结束，将继续表现之前的上涨行情，短线投资者可以在此位置积极买进。

图 5-8 所示为江苏银行 2021 年 1 月至 6 月的 K 线走势。

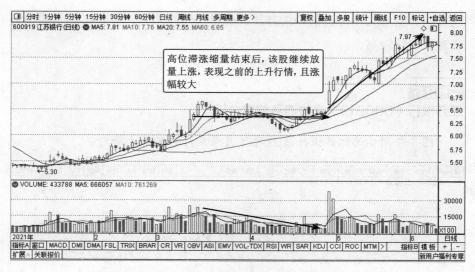

图 5-8　江苏银行 2021 年 1 月至 6 月的 K 线走势

从图 5-8 可以看到，股价高位滞涨缩量确实为上涨过程中的整理，2021年 4 月底，股价整理结束后，下方成交量放大推动股价继续上行，表现之前的上涨行情，股价波动上行最上涨至 7.97 元，涨幅较大。

5.1.5　下跌末期缩出地量

首先，我们需要理解"地量"，它与天量相对应，指的是成交量萎缩至极点，表示的是一种极端情况。我们知道，在股价下跌的过程中成交量会放大，说明空方卖出股票的意愿极其强烈，使得多方节节败退，在走势中股价形成连续下跌的趋势。但是，随着空方的不断卖出，手中的筹码持续减少，压制股价的力量也逐渐消失。由于已经没有做空筹码，所以极少的买盘就能抵抗住股价的继续下跌。

这时候在 K 线走势中，成交量出现下跌以来的最低水平，即地量。股价已经开始低位横盘整理或低位小幅反弹，说明多空双方达成平衡，一旦抄底资金或中线买方资金进场，成交量会在地量水平上开始放大，上涨趋势就开始形成了。

换句话说，在股价下跌的末期成交量缩出地量，是跌势将止，即将见底的信号，投资者可以注意该股，一旦股价向上拉升，出现上涨迹象即可买进追涨。

实例分析

利群股份（601366）下跌末期缩出地量分析

图 5-9 所示为利群股份 2021 年 8 月至 12 月的 K 线走势。

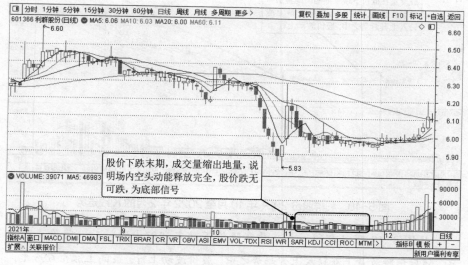

图 5-9　利群股份 2021 年 8 月至 12 月的 K 线走势

从图 5-9 可以看到，利群股份处于下跌行情之中，股价从相对高位处下跌，当股价跌至 6.30 元价位线附近后跌势减缓，并在该价位线上横盘整理。2021 年 10 月中旬，股价突然进一步下跌，将价格拉低至 5.83 元，随后小幅回升至 6.30 元后再次滞涨回落，并在 6.00 元价位线上横盘整理。

查看下方的成交量发现，在股价下行的过程中成交量表现缩量，当股价进一步下跌并在 6.00 元价位线上横盘整理时，成交量进一步缩减，并缩出地量。说明场内的空头动能释放完全，多空达到新的平衡，股价跌无可跌，利群股份的这一波下跌行情跌至底部区域。

2021年12月下旬，下方的成交量开始放大，推动股价上行，说明多空平衡的状态被打破，多方开始占据优势，主导行情，后市极有可能迎来一波上涨行情，投资者可以在此位置积极买进。

图5-10所示为利群股份2021年10月至2022年2月的K线走势。

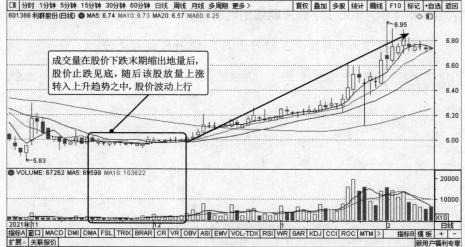

图5-10 利群股份2021年10月至2022年2月的K线走势

从图5-10可以看到，成交量在股价下跌末期缩出地量后，股价止跌见底，随后该股放量上涨转入上升趋势之中，股价波动上行，最高上涨至6.95元，涨幅较大。可见，成交量在股价下跌末期缩出地量为可靠的底部信号，投资者可以利用其判断底部。

5.1.6 低位缩量涨停

在下跌走势的后期股价逐渐止跌企稳，并在低位开始不断震荡。在这个过程中，成交量从原来的低迷状态变得逐渐活跃。当这种低位震荡状态持续较长的一段时间之后，股价有时候会突然以涨停板的形式突破前期震荡高点，但成交量却很小，形成底部缩量涨停形态。这表明在前期震荡过程中，主力通过长时间地吸筹，已经吸收了大部分筹码并且开始了拉升过程，股价接下来出现大幅上涨的概率很大。

当股价底部低位区域缩量涨停并突破前期高点之后，场内一部分获利筹码会立即涌出，所以股价通常会出现小幅震荡，然后才继续表现上涨，短线投资者可以在整理结束后买进。

实例分析

渝开发（000514）低位缩量涨停买进分析

图 5-11 所示为渝开发 2021 年 8 月至 2022 年 3 月的 K 线走势。

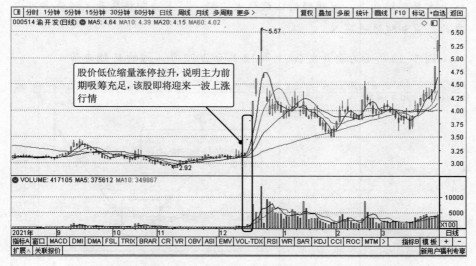

图 5-11　渝开发 2021 年 8 月至 2022 年 3 月的 K 线走势

从图 5-11 可以看到，渝开发股票的股价经过一轮大幅下跌行情后运行至 3.00 元价位线附近的低位区域，并在 3.00 元至 3.50 元进行长期横盘窄幅波动，下方成交量表现出极度缩量，市场走势沉闷。

2021 年 11 月上旬，股价在窄幅波动过程中创出 2.92 元的新低后止跌，开始小幅回升。12 月中旬，K 线突然连续一字涨停，将股价拉升至 3.75 元上方，摆脱低位底部，下方成交量表现缩量，说明在前期的低位盘整过程中，主力通过长时间地吸筹，开始了拉升，接下来股价大概率会出现大幅上涨。

一字涨停之后，股价继续向上大幅拉升，几个交易日的时间就将股价拉升至 5.50 元价位线上方，并在创出 5.57 元的新高后滞涨回落。股价止涨回落是否意味着上涨行情的结束呢？

其实不是，股价前期经过了较长时间的低位横盘，场内许多持股投资者被套，所以当股价有所上涨后，场内的获利盘会趁机离场，使得股价回落，当股价整理结束后还会继续表现上涨行情。

从上图可以看到，股价回落至 3.50 元价位线附近后止涨回升，并在 4.00 元价位线上下波动整理。2022 年 3 月中旬，股价自下而上穿过均线，运行至均线上方并继续向上，说明股价回调结束，新一轮上涨即将展开，投资者可以在此位置积极跟进买入。

图 5-12 所示为渝开发 2021 年 12 月至 2022 年 4 月的 K 线走势。

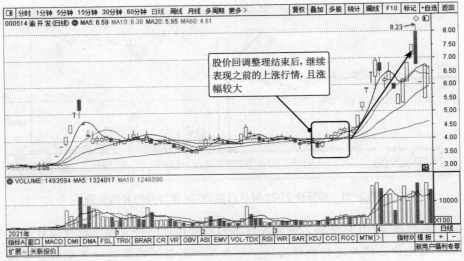

图 5-12　渝开发 2021 年 12 月至 2022 年 4 月的 K 线走势

从图 5-12 可以看到，股价回调整理结束，股价上行突破均线后，渝开发股票的股价继续表现上涨行情，K 线连续收出涨停板，几个交易日的时间就将股价拉升至 7.00 元价位线上方，涨幅较大。如果投资者在股价回调整理结束后积极买进入跟进，即可享受涨停板带来的收益。

5.1.7　放量突破缺口

缺口指的是股价跳空形成的缺口，分为向上跳空形成的缺口和向下跳空形成的缺口，它表明市场某一方向的动能十分强烈，一旦缺口形成，该区域将成为强有力的支撑或阻力位置。

在下跌趋势中，股价如果以缺口的形式加速下跌，则该缺口将成为重要阻力位，在下跌趋势的后期，市场积极筑底后，股价一旦放量向上突破缺口位置，就表明市场上涨趋势已经形成，股价接下来将出现一波较大的上涨趋势，此时投资者可以果断买入。

实例分析

安道麦 A（000553）放量上行突破缺口

图 5-13 所示为安道麦 A 2021 年 9 月至 2022 年 5 月的 K 线走势。

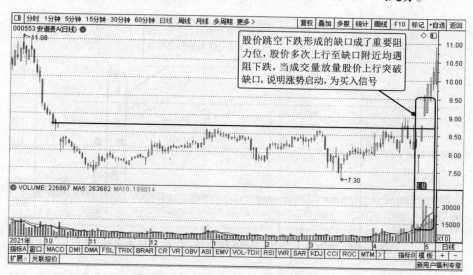

图 5-13　安道麦 A 2021 年 9 月至 2022 年 5 月的 K 线走势

从图 5-13 可以看到，安道麦 A 股票前期从 11.08 元的相对高位处止涨下跌。转入下跌趋势后，K 线连续收阴跌势迅猛。2021 年 10 月上旬，股价进一步加速下跌，股价向下跳空使得价格跌至 8.00 元价位线附近，并形成缺口。随后股价继续下行，当股价跌至 7.50 元价位线附近后止跌。

在股价止跌筑底回升的过程中，向下跳空形成的缺口成了重要阻力位，在 2021 年 12 月底、2022 年 3 月初和 4 月初，股价 3 次上冲至该阻力位附近时均受到强大阻力而止涨回落。

2022 年 4 月底，下方成交量明显放大，带动股价上行并有效突破缺口阻力位，表明上涨趋势已经形成，安道麦 A 股票的股价接下来将出现一波较大的上涨趋势，此时投资者可以果断买入。

图 5-14 所示为安道麦 A 2021 年 10 月至 2022 年 6 月的 K 线走势。

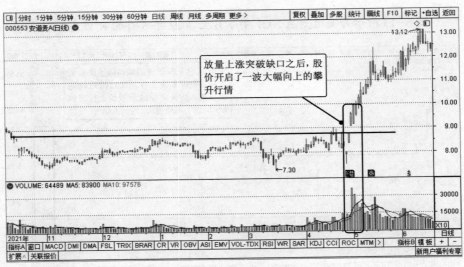

图 5-14　安道麦 A 2021 年 10 月至 2022 年 6 月的 K 线走势

从图 5-14 可以看到，股价放量上涨突破缺口之后，安道麦 A 股票的股价开启了一波大幅向上的攀升行情，K 线连续收出阳线，股价向上快速攀升，最高上涨至 13.12 元，涨幅较大。

5.1.8 跌至重要支撑位缩量企稳

在股价波动的过程中会出现一些重要支撑位，对股价起到重要支撑作用，当股价下行至支撑位附近时会获得支撑而止跌回升。如果在股价下跌至某一个重要支撑位附近时，成交量缩量股价止跌企稳，则说明该支撑位仍然有效，投资者可以在此位置买进，谨慎一些的投资者还可以等待股价开始回升，支撑位得到了最终确认后再跟进。

股价的重要支撑位通常包括均线、趋势线、黄金分割位、前期的高点或低点、前期的密集成交区等位置。

实例分析
鲁西化工（000830）股价跌至趋势线上缩量止跌

图 5-15 所示为鲁西化工 2020 年 9 月至 2021 年 8 月的 K 线走势。

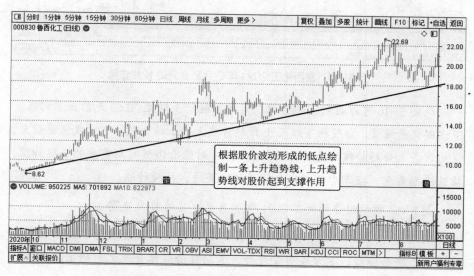

图 5-15　鲁西化工 2020 年 9 月至 2021 年 8 月的 K 线走势

从图 5-15 可以看到，鲁西化工股票的股价处于上升趋势之中，股价从 8.62 元的相对低位处开始波动上行。沿着股价波动过程中形成的第一个低点和第二个低点连线，可以绘制出一条上升趋势线，发现2021年4月初股价再次回落至趋势线附近时止跌回升，证明了该条趋势线的有效性。

2021年8月下旬，股价再次跌至上升趋势线附近。

图5-16所示为鲁西化工2021年2月至8月的K线走势。

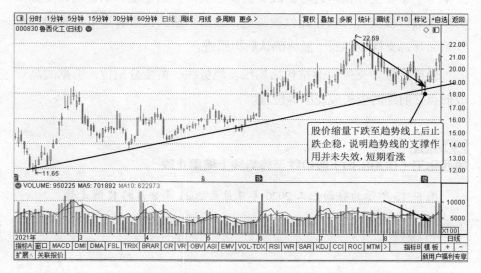

图5-16 鲁西化工2021年2月至8月的K线走势

从图5-16可以看到，2021年7月中旬股价上涨至22.69元后止涨回落，下方成交量缩量。当股价下跌至上升趋势线上后止跌企稳，下方成交量放大，说明该条上升趋势线的支撑作用并未失效，对股价仍然起到重要的支撑作用，该股短期看涨，投资者可以在此位置积极买进，持股待涨。

图5-17所示为鲁西化工2021年3月至9月的K线走势。

从图5-17可以看到，2021年8月下旬鲁西化工股票缩量下跌至上升趋势线上止跌企稳后，下方成交量放大，带动股价继续表现之前的上涨行情，股价波动上行最高至25.81元，涨幅较大。如果投资者在股价趋势线附近止跌企稳后买进，即可享受这一波上涨收益。

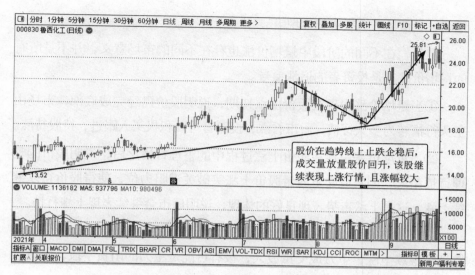

图 5-17 鲁西化工 2021 年 3 月至 9 月的 K 线走势

5.2 量价关系变化下的短线买入机会

一只股票价格的涨跌变化与其成交量大小之间存在一定的内在联系，甚至可以说，成交量与股价之间存在密不可分的关系，因此，投资者在实际投资中可以通过分析成交量与股价的变化情况来判断当前股价运行形势，从而抓住合适的短线买入机会。

5.2.1 量增价涨

量增价涨指的是个股成交量表现放量时，上方对应的股价也表现上行，并形成一定涨幅的现象。量增价涨是一种量价配合良好的现象，属于正常的量价关系。

量增价涨现象的出现，说明股价在上涨的过程中，市场中的反应比较热烈，投资人追涨意愿强烈，因此随着量能的增加，多头气势也不断得以延续，是市场人气集中的体现。

但是，在不同的阶段中量增价涨也存在不同的市场意义，并不是所有的量增价涨都是投资者的追涨信号。

①当量增价涨出现在股价上涨初期，说明股价已经完成底部，市场由空头行情转为多头行情，后市看涨，投资者可以积极买入跟进，持股待涨。

②当量增价涨出现在股价上涨过程中的整理行情之后，说明股价的整理行情结束，如果成交量放量股价上涨突破关键阻力位，使得股价得以继续上涨，这是上涨走势表现良好的体现，说明后市会继续表现上涨行情。

③当量增价涨出现在股价经过一轮大幅上涨后的高位区域，股价高位整理后继续上涨，下方成交量放大，极有可能是主力的出货手段，股价极有可能见顶，转入下跌行情之中。

④当量增价涨出现在下跌过程中的反弹阶段，这是因为上位解套或低位短线买多的获利卖压会在反弹末端抛售持股，所以短期往往会出现放量，但是下跌趋势并未发生改变，后市继续看跌。

因此，当量增价涨的量价关系出现后，投资者需要结合实际的股价位置进行具体分析。

实例分析
常山北明（000158）量增价涨买进分析

图 5-18 所示为常山北明 2020 年 7 月至 2021 年 5 月的 K 线走势。

从图 5-18 可以看到，常山北明股票的股价处于下跌趋势之中，股价从 12.72 元的相对高位处向下滑落，重心不断下移。2021 年 2 月，股价下跌至 5.00 元价位线附近，创出 4.74 元的新低后止跌企稳，小幅回升至 5.80 元价位线附近后止涨，再次下跌，当股价再次跌至 5.00 元价位线上后止跌企稳，横盘整理运行，下方成交量表现缩量。

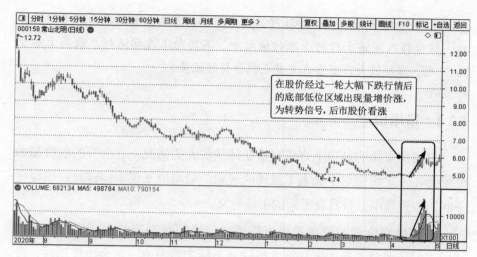

图 5-18　常山北明 2020 年 7 月至 2021 年 5 月的 K 线走势

　　2021 年 4 月中下旬，下方成交量明显放大增加，上方股价同步上行，形成量增价涨关系。量增价涨出现在股价经历一轮大幅下跌行情后的低位底部区域，说明场内空头动能释放完全，多头开始聚集向上拉升股价，常山北明股票近期极有可能迎来一波上涨行情，股价止涨回调为投资者的买进机会。

　　图 5-19 所示为常山北明 2021 年 3 月至 6 月的 K 线走势。

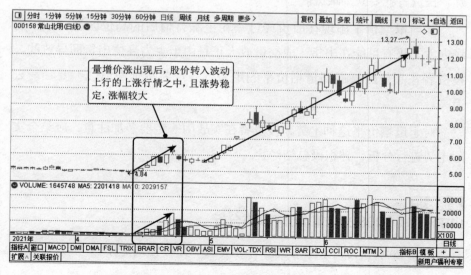

图 5-19　常山北明 2021 年 3 月至 6 月的 K 线走势

从图 5-19 可以看到，2021 年 4 月中下旬，常山北明股票出现量增价涨后，股价转入震荡上行的上涨行情之中，不断向上波动运行，最高上涨至 13.27 元，涨幅较大，下方成交量也配合持续放量。

5.2.2　量增价平

量增价平指的是当下方成交量在持续放大的情况下，上方的股价却始终维持在一定价位水平线上下波动的现象。量增价平现象同样可以出现在不同的位置当中，且具有不同的市场意义。

①当量增价平出现在股价上涨途中，说明获利回吐盘比较多，场内持股者的持股信心产生了动摇。但这并不标志着股价一定会出现下跌，股价经过一段时间的整理之后，有可能会继续上涨，投资者此时应该持股待涨。

②当量增价平出现在股价经过一轮下跌行情后的低位底部区域，下方成交量明显放大，但股价却没有同步上行，说明极有可能是主力在清理浮筹，但这种情况一般不会持续太长时间，一旦股价出现量价配合并向上拉升，投资者就要立刻跟进。

③当量增价平出现在股价经过一轮上涨行情后的高位区域，预示着场内主力极有可能在出货，成交量放大正是由于主力高位出货而导致的。投资者在高位区域遇到量增价平的走势，一定要特别谨慎，不要轻易去追高。

对于量增价平这种走势，投资者在实战中一定要多加注意，应结合实际走势进行分析，并积极总结经验。

实例分析
山东海化（000822）量增价平买进分析

图 5-20 所示为山东海化 2021 年 1 月至 7 月的 K 线走势。

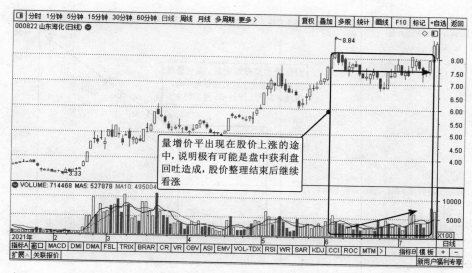

图 5-20　山东海化 2021 年 1 月至 7 月的 K 线走势

从图 5-20 可以看到，山东海化处于上升行情之中，股价从 3.33 元的相对低位处开始向上攀升，股价波动上行，不断创出新高，涨势稳定。2021 年 6 月初，股价上涨至 8.00 元价位线上方，创出 8.84 元的新高后止涨小幅回落，随后股价在 7.00 元至 8.00 元进行横盘窄幅波动。

与此同时，查看下方的成交量，发现在股价横盘波动的过程中，下方的成交量却表现放量，呈现出量增价平的量价关系。虽然成交量相较于前面几个交易日出现明显放大，但是从整体来看，成交量放大的比例较小，也没有出现明显的放量大阴线，说明场内主力资金并没有离场，此时的放量极有可能是获利盘回吐造成的，但这并不标志着股价一定会出现下跌，当股价横盘整理结束后，投资者可以大胆跟进。

图 5-21 所示为山东海化 2021 年 3 月至 9 月的 K 线走势。

从图 5-21 可以看到，量增价平的量价关系出现后，2021 年 7 月中旬，股价横盘整理结束，下方成交量再次放大，带动股价上行并有效向上突破整理平台，继续表现之前的上涨行情。股价波动上行，不断向上抬升，创出 16.00 元的新高，涨幅较大。

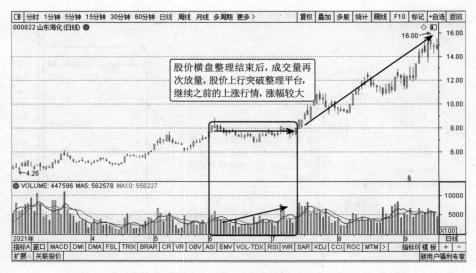

图 5-21 山东海化 2021 年 3 月至 9 月的 K 线走势

5.2.3 量缩价涨

量缩价涨指的是下方成交量表现缩量不断减小，而上方股价却表现上涨的一种量价背离现象。同样地，根据量缩价涨出现的位置不同，表明的市场意义也是不同的。

①如果在股价经过一轮上涨后的高位顶部区域出现量缩价涨的情况，则可能是高位缺乏投资者追价，行情续涨将无力，可能会出现反转下跌行情，这往往是一种见顶信号，投资者应以卖出为主。

②如果在股价上涨的途中，出现适度的量缩价涨，则说明筹码大部分集中在主力手中，后市继续看涨。

③如果在下跌的过程中出现量缩价涨的情况，则可能是被套的投资者在买入，但是盘外的投资者仍然看空，买入较少，这是一种下跌反弹行为，在反弹结束之后，股价会继续下跌。

实例分析

天音控股（000829）量缩价涨买进分析

图 5-22 所示为天音控股 2021 年 4 月至 9 月的 K 线走势。

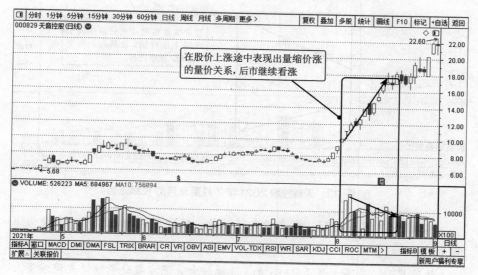

图 5-22　天音控股 2021 年 4 月至 9 月的 K 线走势

从图 5-22 可以看到，2021 年 4 月下旬，天音控股股票的股价从 5.68 元的相对低位区域开始向上攀升，当股价上涨至 10.00 元价位线附近后止涨小幅回落，随后围绕 8.00 元价位线横盘上下波动运行。

2021 年 8 月初，股价开始向上攀升，并快速上涨至 18.00 元价位线附近后止涨横盘。仔细查看股价上冲这一段的走势，发现在股价不断向上攀升的过程中，下方成交量却逐渐缩小，表现缩量，形成量缩价涨的量价关系。

量缩价涨出现在股价上涨途中，说明场内筹码大部分集中在主力手中，股价拉升能力较强，后市股价继续表现上涨的可能性较大。因此，投资者可以在股价横盘整理结束后果断买入跟进。

图 5-23 所示为天音控股 2021 年 7 月至 9 月的 K 线走势。

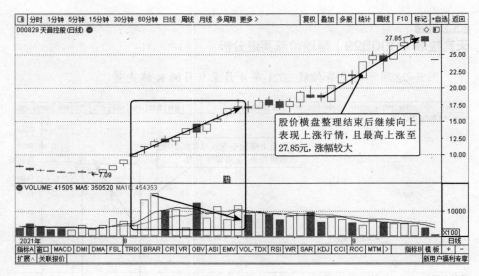

图5-23　天音控股2021年7月至9月的K线走势

从图5-23可以看到，成交量表现缩量，股价反而向上拉升，当股价上涨至18.00元价位线附近后止涨横盘。8月下旬，横盘整理结束，股价再次向上快速攀升，最高上涨至27.85元，涨幅较大，下方成交量继续表现缩量。前期短线投资者如果能够果断跟进，必然可以获得不错的投资回报。

5.2.4　量缩价平

量缩价平指的是下方的成交量逐渐缩小，而上方的股价基本上维持在同一水平位置上下波动。量缩价平也可以出现在股价的不同阶段中，且具有不同的市场意义。

①当量缩价平出现在股价上涨初期，说明场内买盘不足，上涨乏力，行情可能止涨下跌，可以视为涨势还未确定，所以投资者此时应以场外观望为主。

②当量缩价平出现在股价上涨途中，说明多空暂时达成平衡，由于上升趋势比较明朗，如果没有其他因素影响，股价上涨的趋势一般不会发生改变，投资者可继续做多。

③当量缩价平出现在股价经过一轮上涨行情后的高位末期，此时股价涨幅已较多，后市上涨的空间不大，量缩价平说明场内做多意愿不强，股价下跌的可能性较大。

实例分析

国新健康（000503）量缩价平买进分析

图 5-24 所示为国新健康 2021 年 7 月至 12 月的 K 线走势。

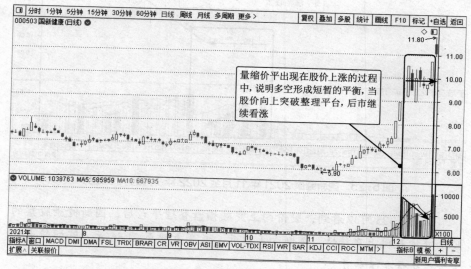

图 5-24　国新健康 2021 年 7 月至 12 月的 K 线走势

从图 5-24 可以看到，国新健康股票的股价前期经过一轮下跌行情后长期围绕 7.00 元价位线横盘波动运行。2021 年 10 月下旬，股价进一步下跌至 6.00 元价位线，创出 5.90 元的低价后止跌回升，转入上升趋势之中。

12 月初，股价上涨至 10.00 元价位线附近后止涨，并围绕 10.00 元价位线上下波动横盘整理运行，与此同时，下方的成交量却逐渐缩小，表现缩量，形成量缩价平的量价关系。

量缩价平出现在股价上涨的途中，说明场内的多空力量暂时达成平衡，因为该股的上涨行情已经明显确定，所以只要股价不出现明显的下跌走势，投资者可以继续看多后市。12月中旬，股价向上跳空高开，并有效突破整理平台，说明多空平衡状态被打破，投资者可以积极买进做多。

图 5-25 所示为国新健康 2021 年 11 月至 2022 年 1 月的 K 线走势。

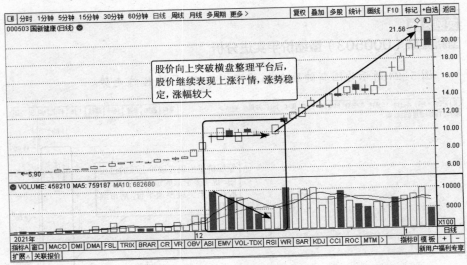

图 5-25　国新健康 2021 年 11 月至 2022 年 1 月的 K 线走势

从图 5-25 可以看到，股价向上突破横盘整理平台后，国新健康股票的股价继续表现上涨行情，不断向上攀升，最高上涨至 21.56 元，涨幅较大，下方成交量也逐渐放大。

5.2.5　量平价涨

量平价涨是指成交量维持在相对稳定的情况下，上方股价却表现上涨走势。同样地，量平价涨出现在股价的不同阶段中，具有不同的市场意义。

①当量平价涨出现在上涨初期，说明上涨力度不足，主力资金没有介入，主要为散户盘，涨势持续不了多久。当量能伴随放大时，可积极做多。

②当量平价涨出现在上涨途中，说明场外流动筹码相对稀少，主力持仓量大，后市可继续看涨。

③当量平价涨出现在股价经过一轮上涨行情后的高位顶部区域，说明没有更多的看多者加入，继续上涨存在一定的困难，应谨慎持股。

④当量平价涨出现在下跌初期，此时股价见顶，跌势初成，量平价涨只是暂时的反弹，不足以扭转趋势。

⑤当量平价涨出现在下跌途中，表明多头反击的力度并不强大，做多意愿不强，因此投资者应该继续观望，不宜买入。

⑥当量平价涨出现在下跌末期，此时做空动能接近衰竭，股价有止跌的迹象，一旦后市出现反转信号，可积极介入。

实例分析

中交地产（000736）量平价涨买进分析

图 5-26 所示为中交地产 2021 年 8 月至 2022 年 3 月的 K 线走势。

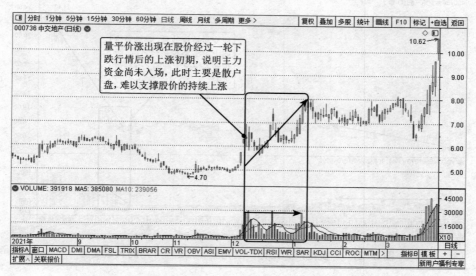

图 5-26 中交地产 2021 年 8 月至 2022 年 3 月的 K 线走势

从图 5-26 可以看到，中交地产股票的股价前期经过一轮下跌行情后，跌至 6.00 元价位线下方的低位区域，2021 年 11 月上旬，股价在创出 4.70 元的新低后止跌企稳，并在 5.00 元价位线上筑底横盘。

2021 年 12 月初，股价从 5.00 元位置开始向上波动运行，上涨至 8.00 元价位线附近后止涨横盘。与此同时查看下方的成交量，发现在股价波动上行的过程中，成交量并未出现持续的放量支撑股价上行，而是大致维持在同一水平位置上波动，形成量平价涨的量价关系。

量平价涨出现在股价经过一轮下跌行情后的上涨初期，说明主力资金尚未入场，此时主要是散户盘，难以支撑股价的持续上涨，该股还未真正形成上涨趋势。因此，股价上涨至 8.00 元价位线后止涨横盘。

2022 年 3 月下旬，成交量突然放出持续巨量，带动股价大幅向上攀升，并向上有效突破整理平台，说明场内有主力资金入场拉升股价，中交地产股价转入明朗的上升趋势之中。投资者可以在此位置大胆跟进，持股待涨。

图 5-27 所示为中交地产 2021 年 12 月至 2022 年 4 月的 K 线走势。

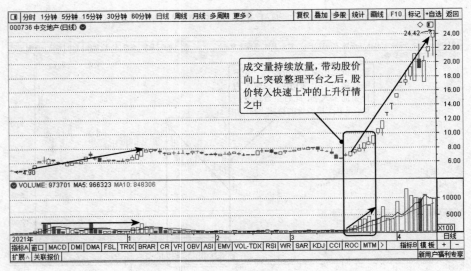

图 5-27　中交地产 2021 年 12 月至 2022 年 4 月的 K 线走势

从图 5-27 可以看到，成交量持续放量，带动股价向上突破整理平台之后，中交地产的股价转入快速上冲的上升行情之中，股价向上大幅拉升，短短 1 个月左右的时间，最高上涨至 24.00 元价位线上方，涨幅较大，涨速极快。

5.2.6　量平价跌

量平价跌指的是当上方的股价表现持续性的下跌走势，而下方的成交量却没能同步地有效放大，而是基本和前几个交易日的成交量保持平衡。同样地，量平价跌可能出现在股价波动的各个位置中，且具有不同的市场意义，具体如下。

①当量平价跌出现在上涨初期，说明还有很多投资者相对谨慎，稍有获利就可能卖出，造成股价下跌，而从主力角度来讲，也正好利用回调清理浮筹。

②当量平价跌出现在上涨途中，大多可视为正常的回调，投资者可继续持股。

③当量平价跌出现在上涨末期，说明主力产生了动摇，有出货迹象，投资者可退场观望。

④当量平价跌出现在下跌途中，说明下跌趋势依旧，投资者不宜盲目抄底，可继续观望。

⑤当量平价跌出现在下跌末期，通常此时的成交量已经很小，下跌的动能已经接近衰竭，预示着底部将近。投资者宜密切关注，一旦股价企稳回升就是投资者的买入机会。

实例分析

国新健康（000503）量平价跌买进分析

图 5-28 所示为国新健康 2021 年 6 月至 12 月的 K 线走势。

从图 5-28 可以看到，国新健康股票的股价处于大幅下跌行情之中，股价经过一轮长时间大幅下跌之后运行至 7.00 元价位线附近止跌，并在该价位线上横盘窄幅波动运行。2021 年 9 月上旬，股价进一步下跌，跌破 7.00 元价位线后继续下行，创出 5.90 元的新低后止跌企稳。此时查看下方的成交量，发现在股价下行的过程中，成交量几乎维持在同一水平中保持不动，形成了量平价跌的量价关系。

图 5-28　国新健康 2021 年 6 月至 12 月的 K 线走势

量平价跌出现在股价经过一轮大幅下跌行情后的低位底部区域，说明场内下跌的动能已经接近衰竭，底部将近，当股价止跌回升，下方成交量放大时便可以积极买入跟进。

图 5-29 所示为国新健康 2021 年 8 月至 2022 年 1 月的 K 线走势。

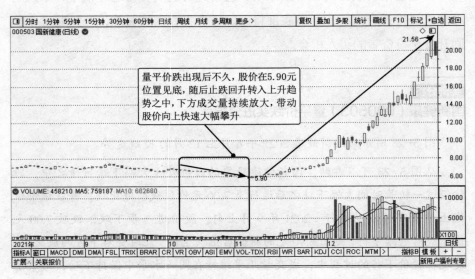

图 5-29　国新健康 2021 年 8 月至 2022 年 1 月的 K 线走势

从图 5-29 可以看到，量平价跌出现后不久，股价在 5.90 元位置见底，随后止跌回升转入上升趋势之中，下方成交量持续放大，带动股价向上快速大幅攀升，最高上涨至 21.56 元，涨幅较大，涨速极快。如果投资者在股价放量上涨时积极跟进即可享受这一波上涨收益。

5.3 透过均量线找寻买进信号

均量线是反映股票交投活跃程度的技术指标，它指的是将一定时期内的成交量相交后平均，在成交量的柱形图中形成的较为平滑的曲线就是均量线。采用不同的周期可以得到不同的均量线，一般以 5 日、10 日、30 日均量线比较常见，对于短线投资者来说，通常 5 日均量线和 10 日均量线运用较多。

在股价上行下跌的过程中，下方的均量线同样会发出一些具有指示意义的走势信号，可以反映出量变的趋势，进而对股价后市走向做出准确的预测。

5.3.1 股价下行均量线却不降反升

股价下行均量线却不降反升指的是当上方的股价 K 线表现下跌行情，不断走出一底比一底低的走势，而下方的均量线不仅没有同步下行反而拐头上行，说明场内有主力护盘，股价的这一波下跌即将触底，投资者可以先行关注，一旦股价企稳回升便可积极买进入场。

实例分析

古井贡酒（000596）股价下行均量线却不降反升发出底部信号

图 5-30 所示为古井贡酒 2021 年 12 月至 2022 年 5 月的 K 线走势。

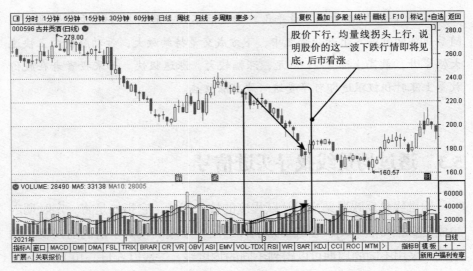

图5-30 古井贡酒2021年12月至2022年5月的K线走势

从图5-30可以看到，古井贡酒股票的股价处于波动下行的下跌行情之中，走出一底比一底低的走势。2022年2月下旬，股价继续下行不断创出新低，当此时查看下方的均量线，发现在股价下行的过程中，均量线拐头上行，表现上升走势。说明古井贡酒的这一波下跌行情即将见底，跌势难以继续维持，投资者可以留心观察。

2022年4月上旬，股价跌至160.00元价位线附近，创出160.57元的新低后止跌回升，说明古井贡酒的这一波下跌行情结束，后市即将展开一波向上拉升行情，投资者可以在此位置积极跟进。

图5-31所示为古井贡酒2022年2月至6月的K线走势。

从图5-31可以看到，股价下行均量线却不降反升现象出现后，股价在160.57元位置见底，随后古井贡酒股票的股价转入上升行情之中，股价波动上行不断向上移动，最高创出253.50元的价格，涨幅巨大，涨势稳定。如果投资者在前期大胆跟进即可享受这一波上涨收益。

由此可见，股价下行均量线却不降反升确实发出了可靠的底部信号，可以帮助投资者准确找到底部。

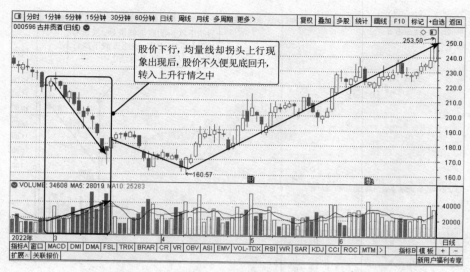

图 5-31 古井贡酒 2022 年 2 月至 6 月的 K 线走势

5.3.2 均量线和股价同步上行

均量线和股价同步上行指的是当上方的股价表现上涨走势，不断向上攀升时，下方的均量线也同步向上移动的一种现象。这说明此番股价的上涨有成交量作为支撑，走势良好，后市股价继续上涨的可能性较大，投资者可以积极跟涨。

实例分析

长安汽车（000625）均量线和股价同步上行积极追涨

图 5-32 所示为长安汽车 2021 年 12 月至 2022 年 5 月的 K 线走势。

从图 5-32 可以看到，长安汽车处于下跌行情之中，股价从 18.00 元上方的相对高位处向下滑落，不断创出新低，跌势沉重。2022 年 4 月下旬，股价创出 8.55 元的新低后止跌回升，下方的均量线同步拐头向上移动，说明长安汽车的这一波下跌行情结束，该股转入上涨行情之中，后市继续看涨，投资者可以积极买入跟进。

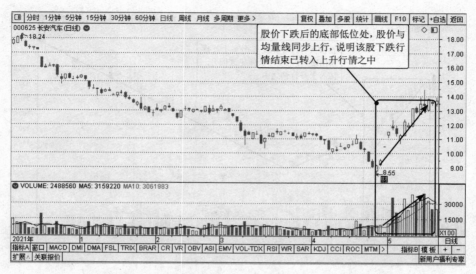

图 5-32　长安汽车 2021 年 12 月至 2022 年 5 月的 K 线走势

图 5-33 所示为长安汽车 2022 年 3 月至 6 月的 K 线走势。

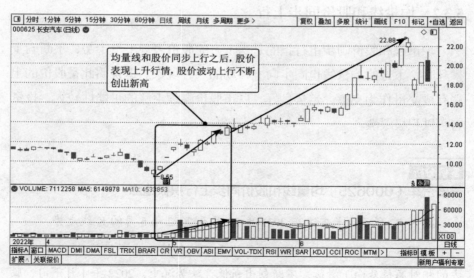

图 5-33　长安汽车 2022 年 3 月至 6 月的 K 线走势

　　从图 5-33 可以看到，均量线和股价同步上行之后，长安汽车股票的股价表现上升行情，股价波动上行不断创出新高，涨势稳定，涨速较快，且最高上涨至 22.88 元，涨幅较大。

5.3.3 5 日均量线在 10 日均量线上方持续上行

5 日均量线在 10 日均量线上方持续上行指的是 5 日均量线上穿 10 日均量线并持续在 10 日均量线上方上行，说明股价正处于上升行情之中，短期内行情将继续保持上扬的态势，投资者可以积极追涨。

实例分析

陕西金叶（000812）5 日均量线在 10 日均量线上方持续上行

图 5-34 所示为陕西金叶 2021 年 10 月至 12 月的 K 线走势。

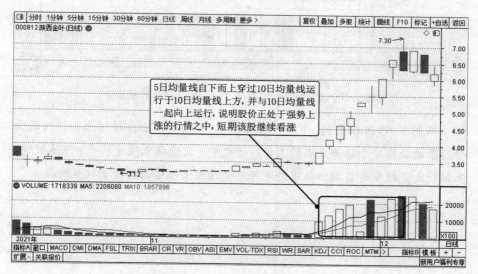

图 5-34 陕西金叶 2021 年 10 月至 12 月的 K 线走势

从图 5-34 可以看到，陕西金叶股票的股价前期经过一轮下跌行情后，长期在 3.50 元价位线下方的低位区域横盘运行。2021 年 11 月下旬，股价向上大幅攀升转入上升行情之中。

与此同时，下方的 5 日均量线自下而上穿过 10 日均量线运行于 10 日均量线上方，并与 10 日均量线一起向上运行，说明股价正处于强势上涨的行情之中，短期该股继续看涨，投资者可以在回调低位积极追涨，大胆跟进。

图 5-35 所示为陕西金叶 2021 年 11 月至 12 月的 K 线走势。

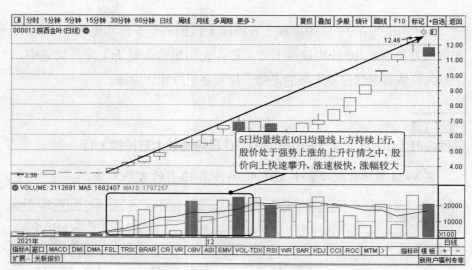

图 5-35　陕西金叶 2021 年 11 月至 12 月的 K 线走势

　　从图 5-35 可以看到，5 日均量线在 10 日均量线上方持续上行，陕西金叶股票的股价处于强势上涨的上升行情之中，股价向上快速攀升，涨速极快，涨幅较大。投资者前期积极跟进即可享受这波上涨带来的投资收益回报。

第6章
利用技术指标分析及时入场

▶ ▶ ▶

　　股市投资分析中常常会借助一些实用、高效、灵敏的技术指标，如KDJ、MACD及BOLL指标等，借助这些指标不但能够帮助投资者更加清晰地理清当前的股市变化，这能帮其找到投资机会。

6.1　随机指标——KDJ

KDJ 指标中文名称为随机指标，它是股票技术分析中比较常用的指标之一。KDJ 指标由 3 条曲线组合而成，分别是 K 线、D 线和 J 线，其中 K 线是白颜色，代表快速线；D 线是黄颜色，代表慢线，也称为主线；J 线是红颜色，代表方向线，也称为超快线（不同配色方案，颜色可能不同）。在利用 KDJ 指标做市场分析时，常常利用所处位置和交叉情况来进行分析判断。

6.1.1　20 线下超卖区信号

KDJ 指标中的 K、D 数值一般在 0~100 进行浮动。当数值在 0~20 时，是低位（底部）；当数值在 80~100 时，是高位（顶部）；当数值在 50 时，一般称为中轴线或无方向，也就是说当 K、D 线在 40~60 时，投资者观察 KDJ 指标并无实际意义；当 K、D 数值在 20 以下时，称之为 KDJ 超卖，说明股价已经进入超卖区域，股价短期下跌动能减弱，反弹机会较大，短线投资者可以趁机买进，持股待涨。

实例分析

东睦股份（600114）KDJ 超卖区买进分析

图 6-1 所示为东睦股份 2021 年 12 月至 2022 年 5 月的 K 线走势。

从图 6-1 可以看到，东睦股份处于下跌走势之中，股价从 13.00 元的相对高位区域波动下行，重心不断下移，下方的 KDJ 指标也随着股价的下移而运行至低位区域。

2022 年 4 月下旬，股价下行到 6.00 元价位线附近，创出 5.59 元的新低后止跌横盘，此时查看下方的 KDJ 指标，发现 K、D 值运行至 20 线下的超卖区域，发出超卖信号，说明股价短期下跌动能减弱，后市反弹回升的机会较大，短线投资者可以趁机积极买进，持股待涨。

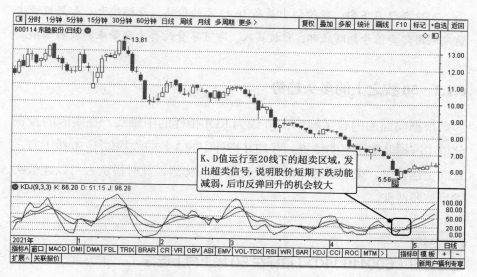

图 6-1　东睦股份 2021 年 12 月至 2022 年 5 月的 K 线走势

图 6-2 所示为东睦股份 2022 年 4 月至 7 月的 K 线走势。

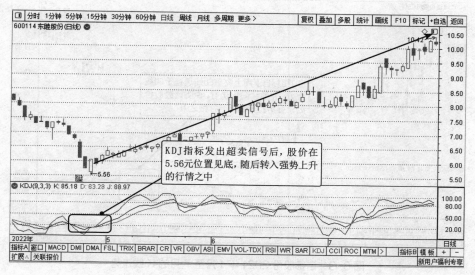

图 6-2　东睦股份 2022 年 4 月至 7 月的 K 线走势

从图 6-2 可以看到，KDJ 指标发出超卖信号后，东睦股份的股价在 5.56 元位置见底，随后转入强势上升的行情之中，股价波动上行不断创出新高。2022 年 7 月下旬，股价创出最高 10.42 元的价格，涨幅较大。如果投资者前期利用超卖信号判断底部，积极买入，即可享受此番上涨带来的收益回报。

6.1.2 50 线之上的多头趋势

根据前面的内容了解到，50 线为 KDJ 指标的中轴线，在实际的投资分析中占据非常重要的位置。当 KDJ 指标中的 3 条曲线均位于 50 线上方，且向上运行时，说明市场中的多头占据有利优势，此时投资者可以逢低买进，持股待涨。

实例分析
诺德股份（600110）KDJ 指标在 50 线上向上运行

图 6-3 所示为诺德股份 2021 年 1 月至 7 月的 K 线走势。

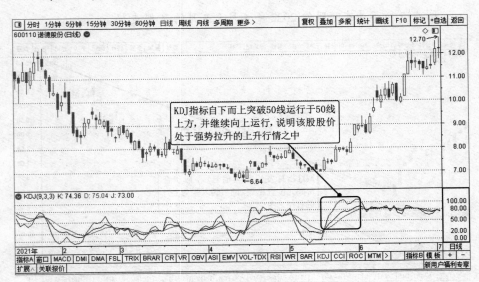

图 6-3 诺德股份 2021 年 1 月至 7 月的 K 线走势

从图 6-3 可以看到，诺德股份股票的股价前期处于下跌趋势之中，股价波动下行，重心不断下移。2021 年 4 月上旬，股价跌至 7.00 元价位线附近，创出 6.64 元的新低后止跌企稳，随后不久股价开始向上运行。

此时查看下方的 KDJ 指标，发现在股价向上运行表现上涨时，KDJ 指标的 3 条曲线纷纷拐头向上，并自下而上穿过 50 线，运行至 50 线上方继续上行。这说明诺德股份的下跌行情已经结束，股价转入上升行情之中，市场中的多头占据绝对优势，带领股价向上快速攀升，该股股价近期看涨，投资者可以趁着股价回调时逢低买入。

图 6-4 所示为诺德股份 2021 年 4 月至 9 月的 K 线走势。

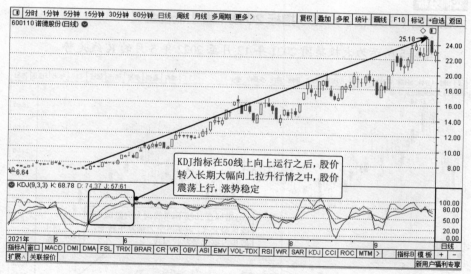

图 6-4　诺德股份 2021 年 4 月至 9 月的 K 线走势

从图 6-4 可以看到，KDJ 指标在 50 线上向上运行之后，诺德股份的股价转入长期大幅向上拉升行情之中，股价震荡上行，涨势稳定，最高上涨至 25.18 元，涨幅较大。如果投资者前期懂得利用 KDJ 指标发出的多头趋势信号积极追涨，即可轻松享受这一波上涨收益。

6.1.3　K线与D线20线以下的金叉

K线与D线20线以下的金叉指的是当KDJ指标3线都位于20线下方并且同时上涨，K线从下向上与D线形成的黄金交叉。该形态表示空方力量强盛到极致后多方力量开始反攻，金叉过后股价将被多方持续拉升。

K线与D线20线以下的金叉是指标在超卖状态下先于股价企稳的表现，是一种股价见底时的买入形态，投资者发现该现象时可以积极跟进。

实例分析

太极集团（600129）KDJ指标20线下发生低位金叉

图6-5所示为太极集团2021年12月至2022年5月的K线走势。

图6-5　太极集团2021年12月至2022年5月的K线走势

从图6-5可以看到，太极集团股票的股价处于下跌行情之中，股价从27.18元的相对高位处向下跌落。2022年4月下旬，股价下行至16.00元价位线下方，并创出14.60元的新低后止跌。

与此同时查看 KDJ 指标，发现 KDJ 指标随着股价的下行，同步运行至 20 线下方的低位区域，当股价止跌回升，KDJ 指标中的 K 线从下向上与 D 线形成黄金交叉，说明多空力量发生转变，多头占据优势发起反攻，后市该股股价将表现强势上涨行情，投资者可以在此位置积极跟进。

图 6-6 所示为太极集团 2022 年 4 月至 8 月的 K 线走势。

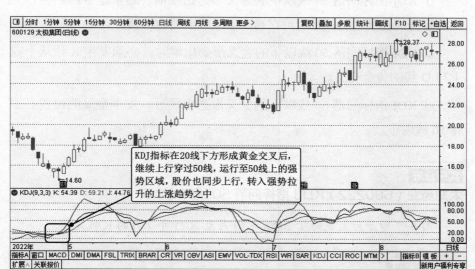

图 6-6　太极集团 2022 年 4 月至 8 月的 K 线走势

从图 6-6 可以看到，KDJ 指标在 20 线下方形成黄金交叉后，继续上行穿过 50 线，运行至 50 线上的强势区域。而上方的股价也同步上行，转入强势拉升的上涨趋势之中，股价波动上行，最高上涨至 28.37 元，涨势稳定，涨幅较大。

6.1.4　KDJ 指标回落 50 线以下的金叉

KDJ 指标回落 50 线以下的金叉指的是股价由下跌转为上涨趋势后，当股价出现首次回调时，KDJ 指标中的 3 条线回落到了 50 线以下，接着 KDJ 指标中的 K 线从下向上与 D 线形成金叉。

KDJ 指标回落 50 线以下出现金叉，说明股价已调整结束，即将开始继续上涨。因此这种形态是一种强势调整后的买入信号，短线投资者发现此信号可以大胆跟进，持股待涨。

KDJ 指标回落 50 线以下的金叉有以下几点形态特征需要注意：

① KDJ 指标回落 50 线以下的金叉形态出现前，通常是下跌趋势转为上涨趋势的初期，也就是股价在初次上涨后出现的回调。

② KDJ 指标回落 50 线以下的金叉形态出现时，必须发生 K 线从下向上与 D 线的黄金交叉。

③ KDJ 指标回落 50 线以下的金叉形态出现时，发生金叉的位置必须在 50 线以下。

实例分析
太龙药业（600222）KDJ 指标回落 50 线形成金叉

图 6-7 所示为太龙药业 2020 年 10 月至 2021 年 7 月的 K 线走势。

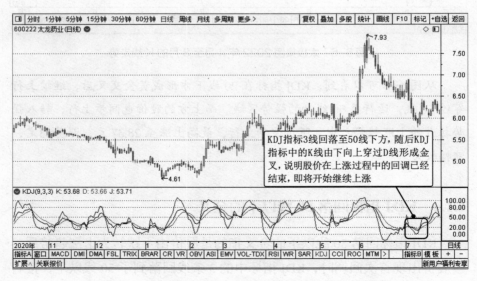

图 6-7　太龙药业 2020 年 10 月至 2021 年 7 月的 K 线走势

从图 6-7 可以看到，太龙药业前期经过一轮大幅下跌行情后运行至 5.00 元价位线下方的低位区域，在创出 4.61 元的新低后止跌回升，转入一轮新的上涨行情之中。

股价波动上行不断向上抬升，下方的 KDJ 指标也基本上在 50 线上的强势区域波动运行。2021 年 6 月初，股价上涨至 7.50 元价位线上方，创出 7.93 元的高价后突然滞涨回落，当股价跌至 6.00 元价位线后止跌企稳，并在 6.00 元价位线上横盘整理。

此时查看下方的 KDJ 指标，发现在股价滞涨回调的过程中，KDJ 指标也同步下行，跌破 50 线并在 50 线下方的弱势区域中波动运行。当股价在 6.00 元价位线止跌企稳时，KDJ 指标中的 K 线从下向上与 D 线形成金叉，说明股价上涨过程中的回调已经结束，即将开始继续上涨，短线投资者可以积极跟进。

图 6-8 所示为太龙药业 2020 年 12 月至 2021 年 9 月的 K 线走势。

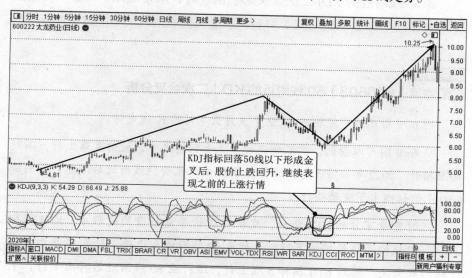

图 6-8 太龙药业 2020 年 12 月至 2021 年 9 月的 K 线走势

从图 6-8 可以看到，KDJ 指标回落 50 线以下形成金叉后，太龙药业股票的股价止跌回升，继续表现之前的上涨行情，股价向上快速攀升，最高上涨至 10.25 元，涨幅较大，涨势迅猛。

6.1.5　50 线附近的 KDJ 二次金叉

50 线附近的 KDJ 二次金叉指的是当股价在上涨趋势中出现向下调整时，KDJ 指标中的 3 线同步向下运行到 50 线附近时，突然出现中止下行，并相隔不久接连出现了两次 K 线向上与 D 线形成交叉的情况。50 线附近的 KDJ 二次金叉的出现，说明股价调整行情结束，是一种强势止跌信号，也是短线投资者的一种买入信号。

50 线附近的 KDJ 二次金叉具备以下几个形态特征：

①当 50 线附近的 KDJ 二次金叉形态出现时，通常是股价上涨趋势中的调整行情。

② 50 线附近的 KDJ 二次金叉形态出现时，KDJ 指标的 3 线必须接近 50 线或发生在 50 线略上或略下的位置。

③ 50 线附近的 KDJ 二次金叉形态出现时，KDJ 指标 3 线必须接连出现两次 K 线上穿 D 线的金叉，并且两次金叉的相隔时间不能过久。

实例分析

广汇物流（600603）50 线附近的 KDJ 二次金叉分析

图 6-9 所示为广汇物流 2022 年 3 月至 7 月的 K 线走势。

从 6-9 图可以看到，广汇物流处于上升行情之中，股价震荡上行，不断向上抬升。2022 年 6 月上旬，股价上涨至 6.50 元价位线附近后滞涨，并围绕 6.50 元价位线上下波动横行。

此时查看下方的 KDJ 指标，发现在股价滞涨横盘的过程中，KDJ 指标 3 线从 80 线的高位处拐头下行，运行至 50 线附近后止跌，接着 K 线向上与 D 线形成金叉。然后 KDJ 指标 3 线上行，运行至 80 线附近后再次下行，下行至 50 线附近后止跌，K 线又一次向上与 D 线形成金叉。

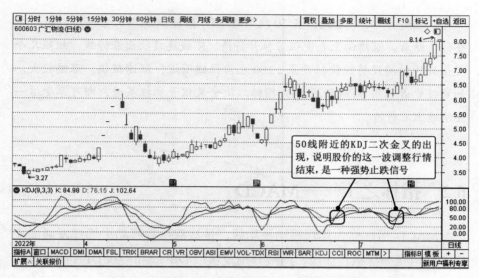

图 6-9　广汇物流 2022 年 3 月至 7 月的 K 线走势

50 线附近的 KDJ 二次金叉的出现，说明股价的这一波调整行情结束，是一种强势止跌信号，后市股价将继续之前的上涨行情，投资者可以在此位置积极跟进。

图 6-10 所示为广汇物流 2022 年 5 月至 8 月的 K 线走势。

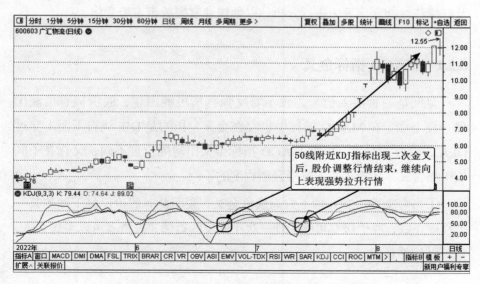

图 6-10　广汇物流 2022 年 5 月至 8 月的 K 线走势

从图 6-10 可以看到，在 50 线附近 KDJ 指标出现二次金叉后，股价调整行情结束，继续向上表现强势拉升行情，K 线连续收出涨停线，短短几个交易日的时间便将股价拉升至 12.00 元价位线附近，涨速极快，涨幅较大。如果投资者利用 50 线附近 KDJ 指标二次金叉信号积极买进，即可享受这一波快速上涨行情。

6.2 指标之王——MACD

MACD 指标称为异同移动平均线，是从双指数移动平均线发展而来的，由两线一柱组合而成，两线分别是快线 DIF 线和慢线 DEA 线，柱状图为 BAR，通常用红绿色柱来进行表示。

MACD 指标的计算比较简单，由快的指数移动平均线（EMA12）减去慢的指数移动平均线（EMA26）得到快线 DIF，再用 2 乘以（快线 DIF 减去 DIF 的 9 日加权移动均线 DEA），便得到柱状图 BAR。

在实际的股市投资分析中，常常利用 DEA 线和 DIF 线的交叉、位置及红绿柱线的变化等来进行分析，以便快速掌握股市走势变化。

6.2.1 MACD 指标金叉

金叉是一种买入信号，预示着反弹行情可能出现，股价极有可能出现一波上涨。在 MACD 指标中也存在金叉，指的是 DIF 线自下而上穿过 DEA 线形成的交叉。根据 MACD 指标金叉出现的位置不同，又存在不同的市场含义，代表了买入信号强烈程度的不同。

①当金叉发生在 0 轴下方为低位金叉，说明此时股价已经下跌到某一定程度止跌，股价极有可能出现一次小的反弹行情，投资者可以考虑买入，也可以场外观望。

②当金叉发生在 0 轴附近为 0 轴附近金叉，是指在多空较量中，多方不断地增加，导致调整行情结束，上涨行情即将开启，投资者可以在此点放心地买入。

③当金叉发生在 0 轴上方为高位金叉，这种金叉有可能是行情在低位大涨之后，经过一段时间的回调，再度开启上涨趋势，投资者可以考虑加仓，但股价也有可能在此时见顶，即将开启下跌趋势。

实例分析
光明地产（600708）MACD 指标金叉位置分析

图 6-11 所示为光明地产 2021 年 11 月至 2022 年 3 月的 K 线走势。

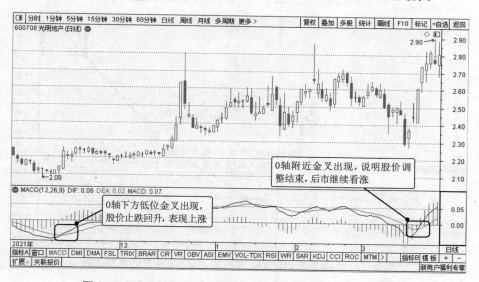

图 6-11　光明地产 2021 年 11 月至 2022 年 3 月的 K 线走势

从图 6-11 可以看到，光明地产股票的股价前期经过一轮下跌行情后，运行至 2.10 元价位线附近，在创出 2.08 元的低价后止跌横盘。此时，下方MACD 指标随着股价的下跌同步运行至 0 轴下方，接着 DIF 线自下而上穿过 DEA 线，形成低位金叉，并向上运行至 0 轴上方，上方股价也筑底回升，向上运行。

2021 年 12 月下旬，股价上涨至 2.80 元价位线附近后止涨，随后在 2.30 元至 2.70 元进行横盘波动运行。2022 年 3 月中旬，股价下行至 2.30 元价位线附近后止跌回升，K 线收出大阳线向上拉升股价。

此时查看下方的 MACD 指标，发现随着股价的下跌 MACD 指标运行至 0 轴附近，当股价止跌回升时，MACD 指标中的 DIF 线在 0 轴附近自下而上穿过 DEA 线形成 0 轴附近的金叉，说明在这一波多空对战中，多方逐渐占据优势，向上拉升股价，导致调整行情结束，上涨行情即将开启，短线投资者可以在此点大胆追涨。

图 6-12 所示为光明地产 2021 年 12 月至 2022 年 4 月的 K 线走势。

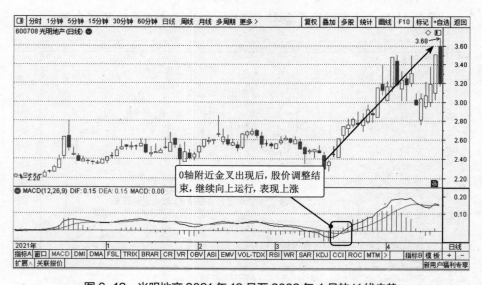

图 6-12　光明地产 2021 年 12 月至 2022 年 4 月的 K 线走势

从图 6-12 可以看到，MACD 指标 0 轴附近金叉出现后，光明地产股票股价在上涨途中的调整结束，继续表现之前的上涨行情，K 线连续收出上涨阳线拉升股价，短短十几个交易日的时间，就将股价拉升至 3.40 元价位线上方，涨速较快，涨幅较大。如果投资者在 MACD 指标 0 轴附近金叉位置及时跟进，即可获得不错的投资回报。

6.2.2　MACD 指标低位二次金叉

MACD 指标低位二次金叉指的是当 DIF、DEA 指标处于 0 轴以下的时候，短期内连续发生两次金叉。当第二次金叉发生时，股价大概率会出现一波暴涨行情。

因为经过第一次金叉后，空方虽然再度小幅下跌后形成一次死叉，但是多方在第二次金叉时又战胜了空方，表明多方有很强的信心，并且多方力量强劲，向上拉升股价在即。因此，投资者可以在第二次低位金叉出现后放心大胆地买入跟进。

实例分析

山东出版（601019）MACD 指标低位二次金叉买进分析

图 6-13 所示为山东出版 2021 年 4 月至 8 月的 K 线走势。

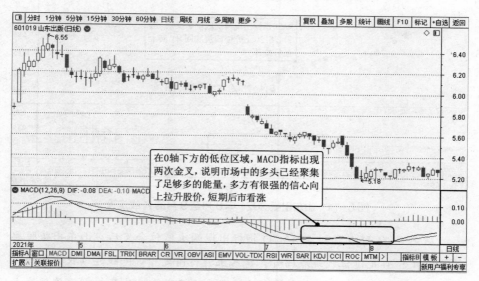

图 6-13　山东出版 2021 年 4 月至 8 月的 K 线走势

从图 6-13 可以看到，山东出版股票的股价处于下跌行情之中，股价从 6.55 元的相对高位处向下快速滑落。2021 年 7 月底，股价运行至 5.20 元价位线附近后止跌企稳，并在 5.20 元价位线上横盘窄幅运行。

此时查看下方的 MACD 指标，发现在股价下行的过程中，MACD 指标同步下行运行至 0 轴下方的低位区域。7 月中旬 DIF 线自下而上穿过 DEA 线形成低位金叉，接着，8 月初，DIF 线再次自下而上穿过 DEA 线形成低位金叉，DIF 线和 DEA 线两线继续向上表现上行。

MACD 指标低位两次金叉的出现，说明市场中的多头已经聚集了足够多的能量，多方有很强的信心向上拉升股价，短期后市看涨，投资者可以在第二次低位金叉出现后积极买进，持股待涨。

图 6-14 所示为山东出版 2021 年 6 月至 9 月的 K 线走势。

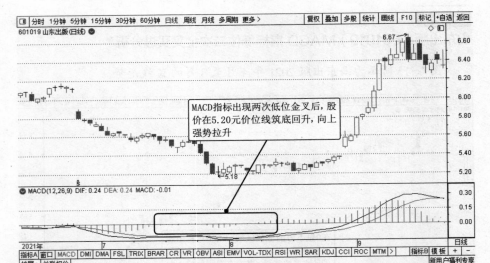

图 6-14　山东出版 2021 年 6 月至 9 月的 K 线走势

从图 6-14 可以看到，MACD 指标出现两次低位金叉后，山东出版股票的股价在 5.20 元价位线筑底回升，转入上升行情之中。K 线连续收出阳线，向上拉升股价，短短十几个交易日的时间，就将股价拉升至 6.60 元价位线上方，涨幅较大。

6.2.3 DEA 线跟随 DIF 线上穿 0 轴

MACD 指标中的 0 轴为市场强弱分界线，当 DIF 线和 DEA 线均大于 0，在 0 轴上方向上运行时，表明市场正处于多头行情之中。因此，当 DIF 线自下而上突破 0 轴，运行至 0 轴上方并向上运行，而 DEA 线则跟随 DIF 线上穿 0 轴，则说明市场由弱转强，短期看涨，为买入信号，短线投资者可以在此位置大胆跟进。

实例分析

中国铁建（601186）MACD 指标 DEA 线跟随 DIF 线上穿 0 轴

图 6-15 所示为中国铁建 2021 年 3 月至 9 月的 K 线走势。

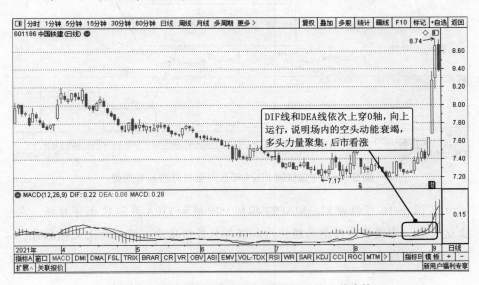

图 6-15 中国铁建 2021 年 3 月至 9 月的 K 线走势

从图 6-15 可以看到，中国铁建股票的股价处于下跌趋势之中，股价波动下行，重心不断下移。2021 年 7 月下旬，股价下行至 7.20 元价位线附近后止跌，并在 7.20 元价位线上横盘整理运行。

此时查看下方的 MACD 指标，发现在股价下行的过程中，MACD 指标同步下行至 0 轴下方，并维持在 0 轴下方的弱势区域中波动运行，当股价止跌横盘整理时，MACD 指标在 0 轴下方附近位置横向运行。8 月下旬，DIF线率先自下而上突破 0 轴，运行至 0 轴上方并向上运行，接着 DEA 线跟随DIF 线上穿 0 轴，运行至 0 轴上方。说明场内的空头动能衰竭，多头力量聚集，市场由弱转强，后市即将迎来一波强势拉升行情，投资者可以积极买入跟进。

图 6-16 所示为中国铁建 2021 年 6 月至 9 月的 K 线走势。

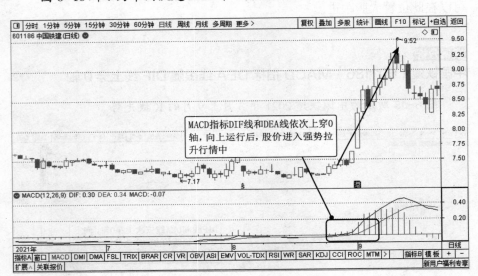

图 6-16　中国铁建 2021 年 6 月至 9 月的 K 线走势

从图 6-16 可以看到，MACD 指标 DIF 线和 DEA 线依次上穿 0 轴，向上运行后，中国铁建股票的股价进入强势拉升行情中，股价向上大幅拉升，短时间就将股价拉升至最高 9.52 元，涨幅较大，涨速较快。

6.2.4　MACD 柱状线抽脚

MACD 指标分析应用中常常会提到"缩头"和"抽脚"，想要利用"缩头"和"抽脚"做好市场分析，首先就需要了解"缩头"和"抽脚"是什么意思。

当 MACD 柱状线在 0 轴之上时用红色柱线表示，简称为"红柱"。

在上涨中，柱状线会在 0 轴之上不断向上发散，这是由于快线 DIF 带动慢线 DEA 向上运行，并且 DIF 不断远离 DEA。上涨动能在红柱最长时达到最大，以最长柱线为分界点，之前的柱线依次伸长，之后的柱线依次缩短，这就发生了红柱的"缩头"，"缩头"的出现说明市场的上涨动能开始减弱，短期内有转势的可能。

而当 MACD 柱状线在 0 轴之下时用绿色柱线表示，简称为"绿柱"。在下跌过程中，柱状线会在 0 轴之下不断向下发散，这是由于快线 DIF 带动慢线 DEA 向下运行，并且 DIF 不断远离 DEA。下跌动能在绿柱最长时达到最大，当绿柱线达到最长并出现短于前一天的柱线时，就发生了"抽脚"，"抽脚"的出现说明市场的下跌动能开始减弱，短期内有转势回升的可能。因此，投资者在发现 MACD 柱状线发生"抽脚"时可以试着买入，等待上涨。

实例分析
吉鑫科技（601218）MACD 柱状线抽脚买进

图 6-17 所示为吉鑫科技 2021 年 11 月至 2022 年 5 月的 K 线走势。

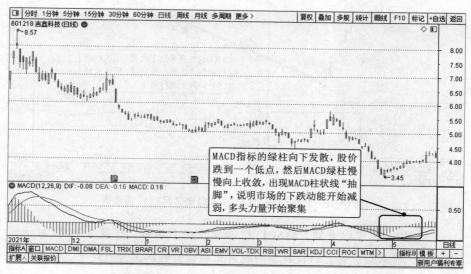

图 6-17　吉鑫科技 2021 年 11 月至 2022 年 5 月的 K 线走势

从图 6-17 可以看到，吉鑫科技股票的股价处于下跌行情之中，股价从 8.57 元的相对高位处向下跌落，股价震荡下行，不断拉低股价。2022 年 1 月底，股价下跌至 5.00 元价位线附近后止跌横盘整理，2022 年 4 月初，K 线连续收阴，股价进一步下跌将价格拉低至 4.00 元下方。

此时，查看下方的 MACD 指标，发现 MACD 指标随着股价的下行而运行至 0 轴下方的低位区域，并维持在 0 轴下方波动运行。当股价止跌横盘时，MACD 指标在 0 轴附近横向运行，走势不明。随后股价进一步下行，MACD 指标曲线同步下行，MACD 指标的绿柱向下发散。股价跌到一个低点，MACD 绿柱慢慢向上收敛，出现 MACD 柱状线"抽脚"，说明市场的下跌动能开始减弱，多头力量开始聚集，短期内有转势回升的可能，投资者可以在此位置买进。

图 6-18 所示为吉鑫科技 2022 年 3 月至 7 月的 K 线走势。

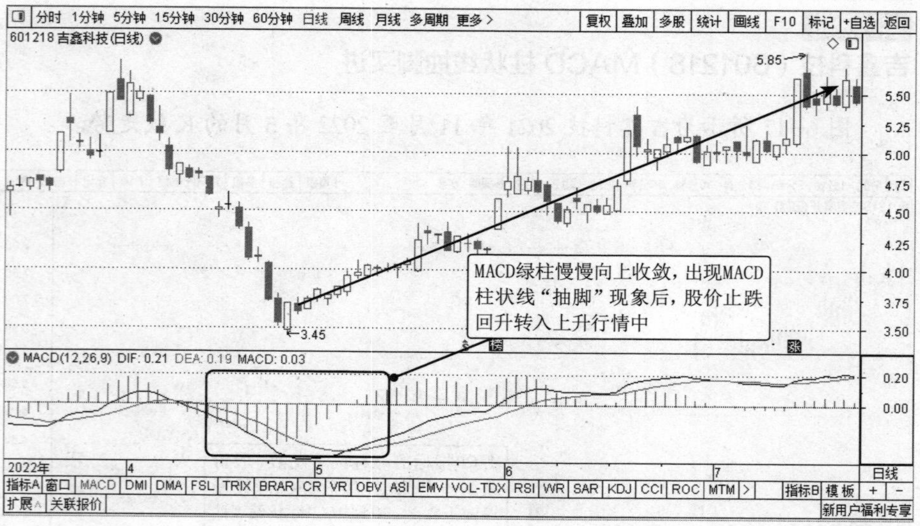

图 6-18　吉鑫科技 2022 年 3 月至 7 月的 K 线走势

从图 6-18 可以看到，MACD 绿柱慢慢向上收敛，出现 MACD 柱状线"抽脚"现象后，吉鑫科技股票的股价止跌回升转入上升行情中，股价波动上行，不断向上抬升，涨幅较大。

6.2.5 天鹅展翅形态

MACD 天鹅展翅形态是指在 0 轴的下方，MACD 指标中的 DIF 线从 DEA 线的下方向上穿过，形成金叉，一起向右上方运行，但并未上穿 0 轴就再次回调向 DEA 线靠拢，随后 DIF 线在 DEA 线位置获得支撑后再次向上，伴随着红色柱线的发散，突破 0 轴并持续向上。

天鹅展翅形态的出现，表明在多空博弈的关键时刻，上涨动能经过短暂的蓄势之后，市场发生质变，开始由空头走势转为多头走势。短线投资者可以在 DIF 线再次向上时积极买入，更加慎重的投资者可以在 DIF 线向上突破 0 轴时买入。

实例分析

龙元建设（600491）MACD 指标天鹅展翅形态分析

图 6-19 所示为龙元建设 2022 年 1 月至 6 月的 K 线走势。

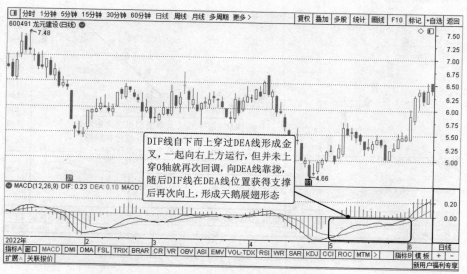

图 6-19 龙元建设 2022 年 1 月至 6 月的 K 线走势

从图 6-19 可以看到，龙元建设股票的股价处于下跌行情之中，股价重心不断下移。2022年4月底，股价运行至5.00元价位线下方，创出4.66元的新低后止跌，随后小幅回升。

此时查看下方的MACD指标，发现MACD指标随着股价的下跌下行至0轴下方的弱势区域。2022年5月初，在股价止跌小幅回升的同时，DIF线拐头自下而上穿过DEA线形成金叉，然后DIF线与DEA线同步上行。

但是，DIF线并未上穿0轴就再次回调，向DEA线靠拢，当DIF线回落至DEA线附近时，获得支撑后再次向上，此时伴随着红色柱线的发散，DIF线和DEA线先后突破0轴并持续向上，形成天鹅展翅形态。

天鹅展翅形态的出现，说明在多空博弈的关键时刻，上涨动能经过短暂的蓄势之后，市场由空头转为多头，后市极有可能开启一波大幅拉升行情，投资者此时可以积极买入。

图6-20所示为龙元建设2022年3月至6月的K线走势。

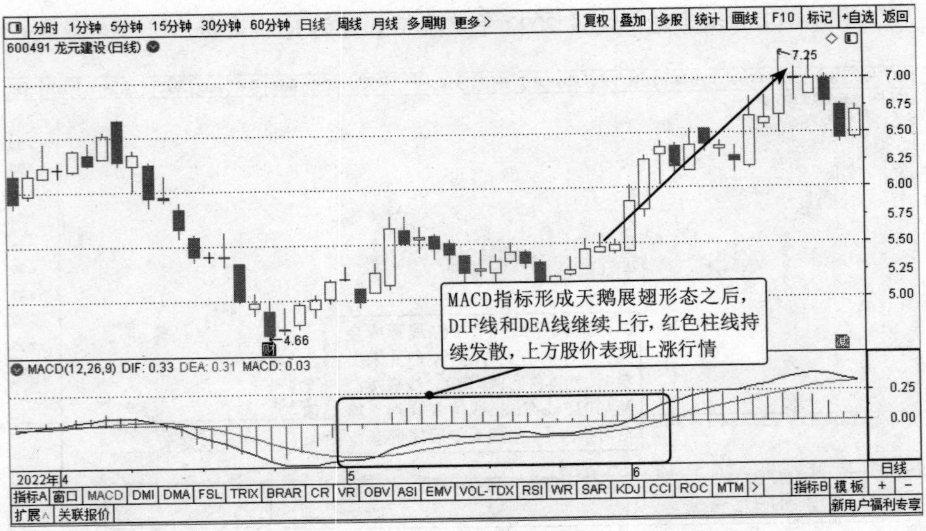

图6-20　龙元建设2022年3月至6月的K线走势

从图6-20可以看到，MACD指标形成天鹅展翅形态之后，DIF线和DEA线继续上行，红色柱线持续发散，上方股价表现上涨行情，向上快速攀升，涨势迅速，涨幅较大。

6.2.6　佛手向上形态

佛手向上形态是指 MACD 指标出现金叉之后，随着股价的上涨，DIF 线和 DEA 线也同步上行，当股价止涨回调时，DIF 线也同步回调。DIF 线回调到 DEA 线附近后没有与 DEA 线黏合或交叉便再次上行，同时 MACD 红色柱线始终在 0 轴上方，出现增长缩短再增长的过程，没有出现绿色柱线。这个过程中 DEA 线在上穿 0 轴之后就没有再下穿过 0 轴。

佛手向上形态中，DIF 线出现短暂回调，但并没有与 DEA 线发生黏合或交叉便再次上行，说明市场中的上涨动能比较强劲，回调幅度有限，后市该股价极有可能出现一波幅度较大的上涨走势。短线投资者可以在 DIF 线再次向上运行时积极买入。

实例分析

康恩贝（600572）MACD 指标佛手向上形态分析

图 6-21 所示为康恩贝 2021 年 9 月至 12 月的 K 线走势。

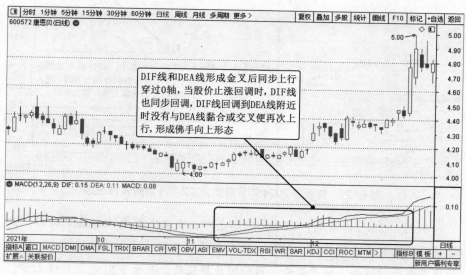

图 6-21　康恩贝 2021 年 9 月至 12 月的 K 线走势

从图 6-21 可以看到，康恩贝股票的股价处于下跌趋势之中。2021 年 11 月初，股价跌至 4.00 元价位线上止跌，短暂横盘后开始小幅回升。此时查看下方的 MACD 指标发现，2021 年 11 月初，处于 0 轴下方运行的 DIF 线突然拐头，自下而上突破 DEA 线形成金叉后继续上行，上方股价同步上行。

2021 年 12 月初，股价上涨至 4.40 元价位线附近后止涨横盘，下方 MACD 指标中的 DIF 线也同步回调，DIF 线回调到 DEA 线附近时没有与 DEA 线黏合或交叉便再次上行，同时 MACD 红色柱线始终在 0 轴上方，出现增长缩短再增长的过程，没有出现绿色柱线，DEA 线也始终处于 0 轴上方，形成佛手向上形态。说明市场中的上涨动能比较强劲，回调幅度有限，后市该股极有可能出现一波幅度较大的上涨走势，投资者可以在 DIF 线再次上行时积极买进。

图 6-22 所示为康恩贝 2021 年 9 月至 2022 年 1 月的 K 线走势。

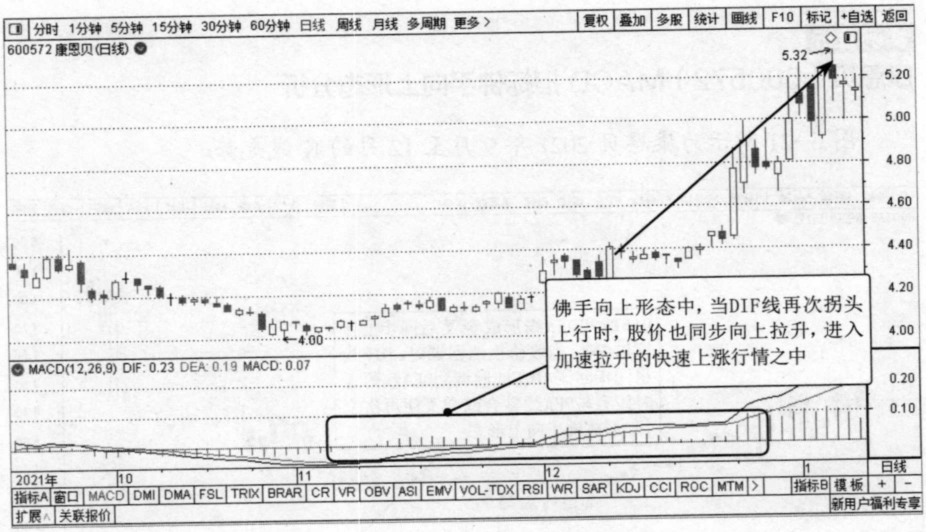

图 6-22　康恩贝 2021 年 9 月至 2022 年 1 月的 K 线走势

从图 6-22 可以看到，佛手向上形态中，当 DIF 线再次拐头上行时，康恩贝股票的股价也同步向上拉升，进入加速拉升的快速上涨行情之中，K 线收出多根大阳线向上拉升股价，短时间便将股价拉升至 5.20 元价位线上方，涨幅较大，涨速较快。如果短线投资者前期积极买进，几个交易日的时间便可获得不错的投资回报。

6.2.7　小鸭出水形态

MACD 指标中的小鸭出水形态是一个比较典型的底部形态，通常出现在股价经过一轮大幅下跌行情后的底部低位区域。处于 0 轴下方的 DIF 线拐头自下而上穿过 DEA 线形成金叉后，并没有上穿 0 轴或上穿一点就回到 0 轴之下，DIF 线上行一段后拐头自上而下穿过 DEA 线形成死叉，几天之后再次上穿 DEA 线形成金叉，此时 MACD 指标形成小鸭出水形态。

小鸭出水形态表明市场在经过蓄势之后，上涨动能再次占据优势地位，股价接下来将出现一波上涨走势。投资者可以在第二个金叉出现之后涨势明确再积极买入，持股待涨。

实例分析

佛山照明（000541）MACD 指标小鸭出水形态分析

图 6-23 所示为佛山照明 2021 年 12 月至 2022 年 8 月的 K 线走势。

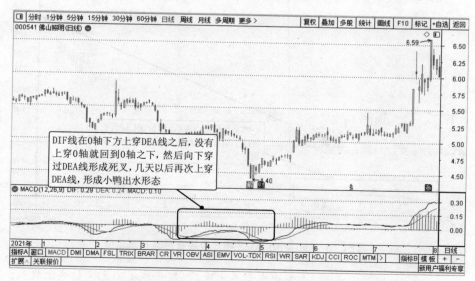

图 6-23　佛山照明 2021 年 12 月至 2022 年 8 月的 K 线走势

从图 6-23 可以看到，佛山照明股票的股价处于下跌行情之中，股价波动下行，重心不断下移。2022 年 4 月下旬，股价下跌至 4.50 元价位线附近，创出 4.40 元的低价后止跌小幅回升。

此时，查看下方的 MACD 指标线，2021 年 3 月下旬，处于 0 轴下方波动运行的 DIF 线拐头自下而上穿过 DEA 线形成金叉，随后两线上行，上方股价同步向上小幅拉升。但是 DIF 线运行一段后，在还没有上穿 0 轴的情况下便再次拐头自上而下穿过 DEA 线形成死叉，股价同步止涨回落。几个交易日之后，DIF 线再次拐头自下而上穿过 DEA 线形成二次金叉，MACD 指标形成小鸭出水形态，上方股价也在 4.40 元位置见底回升。

小鸭出水形态表明经过连续的下跌空头动能衰竭，释放完全，多头动能经过蓄势后逐渐占据优势，股价接下来将出现一波上涨走势。激进的投资者可以在 MACD 指标二次金叉位置买进，谨慎的投资者可以在股价上涨行情确定，股价向上大幅拉升时买进。

图 6-24 所示为佛山照明 2022 年 3 月至 8 月的 K 线走势。

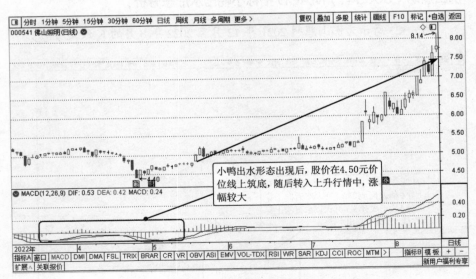

图 6-24　佛山照明 2022 年 3 月至 8 月的 K 线走势

从图 6-24 可以看到，小鸭出水形态出现后，股价在 4.50 元价位线上筑底，随后转入上升行情中，股价上行至 5.50 元价位线附近止涨横盘整理一段后，2022 年 7 月中旬，股价开始大幅向上拉升，K 线连续收出多根上涨大阳线，快速拉升股价，将股价拉升至 8.00 元价位线上方，涨幅较大。

6.3　布林线指标——BOLL

BOLL 指标又叫布林通道线指标"Bolinger Bands"，是一种实用性较强的技术分析指标。BOLL 指标由三条轨道线组成：上轨（BOLL 线的黄色线条）、中轨（BOLL 线的白色线条）、下轨（BOLL 线的紫色线条）。股价则在 BOLL 指标形成的通道内波动运行，且上轨线对股价起到压力作用，而下轨线对股价起到支撑作用。

在实战分析中，通常利用 BOLL 指标的轨道线位置及其形态来做股价走向分析。

6.3.1　股价自下而上突破下轨线

股价处于下跌行情之中，在中轨线与下轨线形成的通道内波动下行，当股价进一步下跌并跌破下轨线运行至下轨线下方，说明此时市场已经进入了极端弱势行情中，空方力量已经消耗殆尽，已经没有多余的抛压可以继续压制股价，这是股价反弹回升的信号，一旦股价自下而上突破下轨线，说明股价止跌回升拉升在即，是投资者的买入信号，短线投资者可以在此位置买入跟进。

实例分析

东尼电子（603595）股价自下而上突破下轨线的买入信号

图 6-25 所示为东尼电子 2020 年 9 月至 2021 年 5 月的 K 线走势。

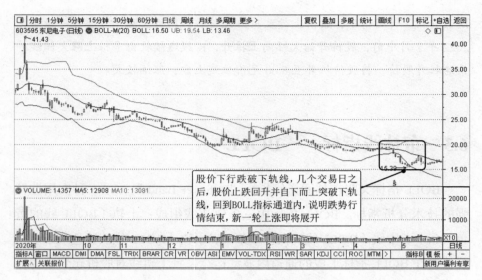

图 6-25　东尼电子 2020 年 9 月至 2021 年 5 月的 K 线走势

从图 6-25 可以看到，东尼电子股票的股价处于下跌行情之中，股价波动下行，重心不断下移。2021 年 1 月股价下行至 20.00 元价位线附近后止跌，随后股价围绕 20.00 元价位线上下波动运行，下方成交量表现缩量。

2021 年 4 月下旬，股价进一步下行跌破 20.00 元价位线，并跌破 BOLL 指标下轨线，在下轨线下方运行。说明市场已经进入了极端弱势的行情中，空方力量已经消耗殆尽，已经没有多余的抛压可以继续压制股价，后市股价极有可能止跌反弹迎来一波上涨行情。

几个交易日之后，股价止跌回升并自下而上突破下轨线，回到 BOLL 指标通道内，说明跌势行情结束，新一轮上涨即将展开，投资者可以在此位置积极买进。

图 6-26 所示为东尼电子 2021 年 3 月至 7 月的 K 线走势。

从图 6-26 可以看到，股价自下而上突破 BOLL 指标下轨线后，东尼电子股票的股价止跌回升转入上升趋势之中，下方成交量配合放量，推动股价上涨，股价波动上行，涨幅较大，涨速较快。

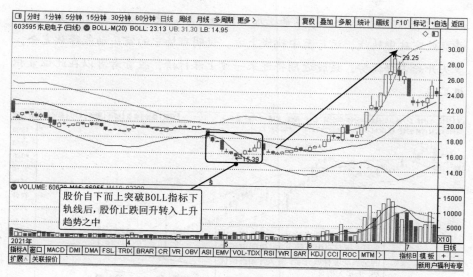

图 6-26 东尼电子 2021 年 3 月至 7 月的 K 线走势

6.3.2 股价向上突破中轨线

BOLL 指标中的中轨线是市场强弱划分的中线,前期股价表现弱势行情,在 BOLL 指标中轨线和下轨线形成的通道内向下运行。当股价运行至某一低位后止跌,随后股价向上突破中轨线,说明行情由弱转强,市场由空头转为多头市场,预示着股价即将展开一轮新的上涨行情,是短线投资者的买入信号。

实例分析

能科科技(603859)股价向上突破中轨线的买入信号

图 6-27 所示为能科科技 2022 年 1 月至 6 月的 K 线走势。

从图 6-27 可以看到,能科科技股票的股价处于不断下跌的弱势行情之中,股价在 BOLL 指标中轨线和下轨线形成的通道内波动下行,该股的重心不断下移。

2022 年 4 月下旬,股价下行至 22.50 元价位线附近,触及下轨线创出

20.84 元的新低后止跌，短暂整理几个交易日后，股价发起上冲向上拉升，并有效突破中轨线，运行至中轨线上方。说明市场中的空头动能释放完全，多头开始占据优势，该股近期将迎来一波上涨行情，投资者可以在此位置积极买进。

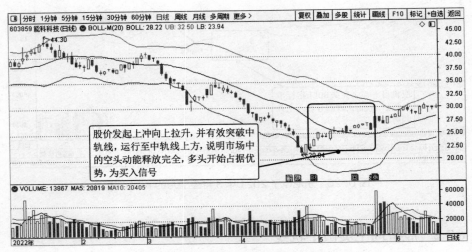

图 6-27　能科科技 2022 年 1 月至 6 月的 K 线走势

图 6-28 所示为能科科技 2022 年 4 月至 8 月的 K 线走势。

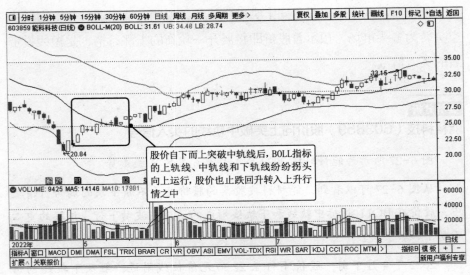

图 6-28　能科科技 2022 年 4 月至 8 月的 K 线走势

从图 6-28 可以看到，能科科技股票的股价自下而上突破中轨线后，
BOLL 指标的上轨线、中轨线和下轨线纷纷拐头向上运行，能科科技股票的
股价也止跌回升转入上升行情之中，股价波动上行，不断创出新高，涨势稳
定，涨幅较大。

6.3.3 突破上轨，回调时买进

股价经过一轮大幅下跌行情后，运行至底部低位区域，跌势减缓，表
现横盘，此时 BOLL 指标通道逐渐缩小变窄，股价进行箱体震荡并且近期
处在箱体的上沿。某一天股价放量突破布林通道的上轨，布林通道由缩小
变成扩大，说明新一轮上涨行情启动，该股股价近期看涨，为短线投资者
买进的好机会，投资者可以在股价回调时积极买入。

实例分析

鼎盛新材（603876）股价突破上轨，回调时买进分析

图 6-29 所示为鼎盛新材 2020 年 12 月至 2021 年 6 月的 K 线走势。

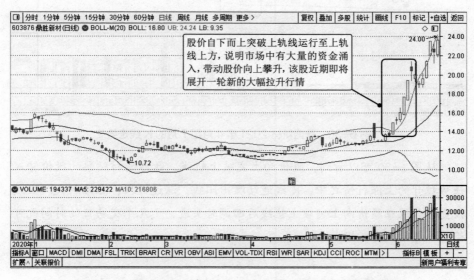

图 6-29　鼎盛新材 2020 年 12 月至 2021 年 6 月的 K 线走势

从图 6-29 可以看到，鼎盛新材股票经过一轮下跌行情后，下跌至 12.00 元价位线附近，并围绕该价位线上下窄幅波动横向运行，此时，BOLL 指标的通道变窄。

2021 年 5 月底，下方成交量突然放大，带动股价向上急涨，自下而上突破上轨线运行至上轨线上方，说明市场中有大量的资金涌入，带动股价向上攀升，该股近期即将展开一轮新的大幅拉升行情。

股价在上轨线上方运行几个交易日后滞涨回调，股价回落至 BOLL 指标通道内，此时为短线投资者买入跟进的好机会，投资者可在此位置大胆买进。

图 6-30 所示为鼎盛新材 2021 年 4 月至 7 月的 K 线走势。

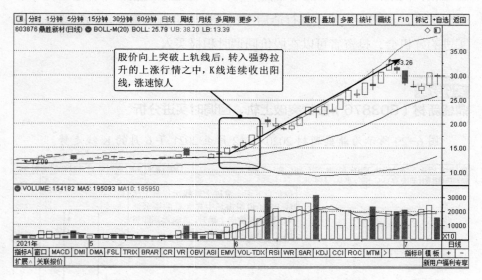

图 6-30　鼎盛新材 2021 年 4 月至 7 月的 K 线走势

从图 6-30 可以看到，股价向上突破上轨线，鼎盛新材股票的股价转入强势拉升的上涨行情之中，K 线连续收出阳线，涨速惊人，涨幅较大。短线投资者如果在股价向上突破上轨线后回调时买进，十几个交易日的时间就可获得丰厚的投资回报。

6.3.4　上轨线、中轨线和下轨线 3 线上行

BOLL 指标的上轨线、中轨线和下轨线的运行方向可以看出当前市场的强弱情况。当 BOLL 指标的上、中、下轨线同时向上运行时，表明市场强势特征非常明显，该股股价短期内将继续上涨，投资者应坚决持股做多。同时注意股价处于布林通道的位置，如果此时股价在中轨线上方，代表可以参与。

实例分析

恒润股份（603985）上轨线、中轨线和下轨线 3 线上行

图 6-31 所示为恒润股份 2020 年 12 月至 2021 年 9 月的 K 线走势。

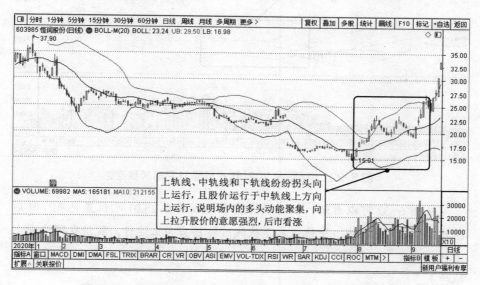

图 6-31　恒润股份 2020 年 12 月至 2021 年 9 月的 K 线走势

从图 6-31 可以看到，恒润股份股票的股价处于下跌行情之中，股价从相对高位处不断向下波动运行，BOLL 指标的上轨线、中轨线和下轨线也随着股价同步向下运行。

2021 年 7 月底，股价下行至 15.00 元价位线附近创出 15.01 元的新低后

止跌回升，下方成交量同步放大。此时查看BOLL指标，发现上轨线、中轨线和下轨线纷纷拐头向上运行，且股价运行于中轨线上方向上运行。说明恒润股份的这一波下跌行情结束，场内的多头动能聚集，向上拉升股价的意愿强烈，该股股价处于强势拉升行情之中，后市看涨，投资者可以及时买进股票，持股待涨。

图6-32所示为恒润股份2021年6月至11月的K线走势。

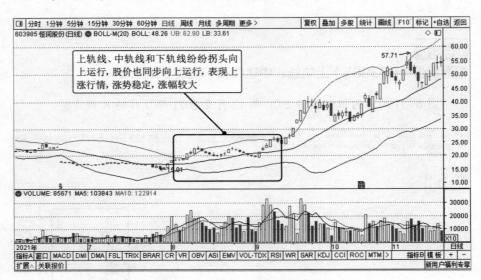

图6-32　恒润股份2021年6月至11月的K线走势

从图6-32可以看到，恒润股份股票的股价在15.01元位置见底，随后BOLL指标的上轨线、中轨线和下轨线纷纷拐头向上运行，股价也同步向上运行，表现上涨行情。股价波动上行，涨势稳定，最高上涨至57.71元，涨幅较大。

6.3.5　BOLL指标开口形喇叭形态

股价经过一轮长期下跌行情后，BOLL指标的上轨线和下轨线逐步收缩，上下轨之间的距离越来越近。随着量能逐步放大，股价突然向上出现急速飙升，此时布林线上轨线也同时急速向上扬升，而下轨线却加速向下运行，这样上下轨线就形成了一个类似于大喇叭的特殊形态。

当 BOLL 指标出现开口形喇叭形态，预示着多头力量逐渐强大而空头力量逐步衰竭，市场将处于短期大幅拉升行情之中，投资者可以积极跟进。

BOLL 指标开口形喇叭形态的要点有以下几点：

①股价跌幅越大，缩量整理平台越长，则未来上涨空间越大。

②上下轨线的距离越近，未来上涨的幅度越大。

③开口处下方成交量表现放量。

实例分析

奥锐特（605116）BOLL 指标开口形喇叭形态分析

图 6-33 所示为奥锐特 2021 年 4 月至 12 月的 K 线走势。

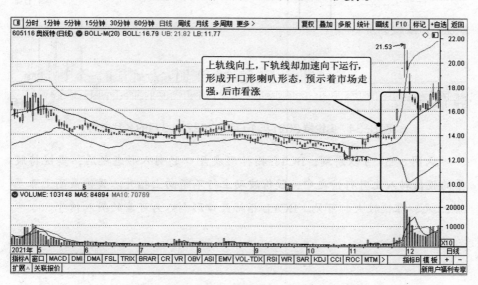

图6-33　奥锐特2021年4月至12月的K线走势

从图 6-33 可以看到，奥锐特股票前期处于下跌行情之中，股价下行至 14.00 元价位线附近后跌势减缓，随后围绕 14.00 元价位线上下窄幅波动，横向运行。与此同时，BOLL 指标上、下轨道线之间的距离越来越近。

2021 年 11 月底，下方成交量放大，带动股价向上急涨，此时 BOLL 指标中的上轨线也同时急速向上扬升，但是下轨线却加速向下运行，从而形成开口形喇叭形态。预示着多头力量逐渐强大而空头力量逐步衰竭，市场将处于短期大幅拉升行情之中，投资者可以在此位置积极跟进。

图 6-34 所示为奥锐特 2021 年 10 月至 2022 年 3 月的 K 线走势。

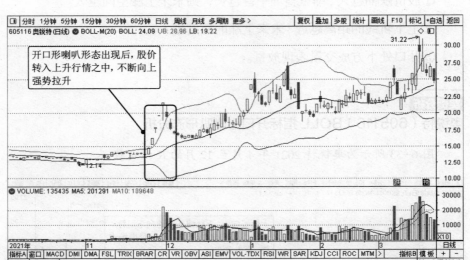

图 6-34　奥锐特 2021 年 10 月至 2022 年 3 月的 K 线走势

从图 6-34 可以看到，BOLL 指标形成开口形喇叭形态之后，奥锐特股票的股价转入上升行情之中，股价波动上行不断向上抬升。股价最高上涨至 31.22 元，涨幅较大。可见，BOLL 指标开口形喇叭为可靠的买入信号。